海へ、山へ、森へ、町へ

小川　糸

幻冬舎文庫

海へ、山へ、森へ、町へ

はじめに

懐かしいお母さんの味、
毎日食卓に並ぶいつものごはん、
おしゃれして行くビストロのメニュー、
見知らぬ土地でいただく珍しい食材。

おいしいごはんはすべて、
「料理の神様」の贈り物。
大地から、海から空から、そして人から
溢《あふ》れんばかりの恵みと想《おも》いを注がれ、
私たちの口に運ばれてくる。
それは、まるで奇跡のような出会い。

「いただきます」「おいしい」「ごちそうさま」。
今日もあちらこちらで、奇跡の出会いを喜ぶ声が……。
きっとそこには、料理の神様の愛弟子《まなでし》たちがいる。
彼らが心を込めて生み出す料理があって、
誰かがおいしさに顔をほころばせる食堂《ばしょ》がある。
愛弟子たちとのおいしい出会いを求めて、
「食堂」を巡る長い旅のはじまりです。

目次

大好きな辺銀夫婦が営む、
その名も「辺銀食堂」。
石垣島の「おいしい！」を
知り尽くした辺銀愛理さんと
お話ししているだけで、
なんだかお腹がすいてくるから、
不思議です。

沖縄県石垣島

ペンギン食堂

石垣島を訪れるのは、今回で二度目。前回は二〇〇八年の三月で、『食堂かたつむり』の取材などで忙しくなっていた最中にやって来た。石垣島どころか沖縄自体が初めての、ひとり旅だった。

その一番の目的は、辺銀《ぺんぎん》食堂に行くことだった。食堂近くに安宿を取り、結局一日で、お昼のジャージャンすばと、名物五色の島餃子、夜の「テツメシコース」を堪能した。そこは、幸せ工場とでも呼びたくなるような、至福の場所だった。

辺銀食堂を外から眺めると、なんとも素敵《すてき》な雰囲気が漂ってくる。そして、期待を胸にドアを開けた瞬間、厨房《ちゅうぼう》からは料理を作る賑《にぎ》やかな音が鳴り響き、いい匂いが零《こぼ》れる。料理人はひとりひとりのお客のことを考えながら料理を作り、お客は全身を胃袋にして料理を堪能する。厨房とお客を繋《つな》ぐホール係も、その一皿を運ぶことに誇りを持ち、作る人も食べる人も、みんなが笑顔でハッピーになる。日本の南の島にそんな素敵な食堂があることを知り、私はとても嬉《うれ》しかった。

その後、いくつかの縁が重なり、数ヶ月後、東京で辺銀夫妻と正式にお会いした。

「辺銀」はご本名。中国・西安出身の暁峰《ぎょうほう》さんと、東京出身の愛理《あいり》さんが結婚し、数年後に暁峰さんが帰化申請をする際、ふたりが希望した暁峰さんの「崔」という名字が日本政府には認めてもらえず、それならばとたくさんの意味を込めて、「辺銀」という名字を考案したのだ。当初は世界でたったふたりだけだった辺銀ファミリーに、七年前、子ペンギン・道君《タオ》が加わり、今はおそらく世界で唯一の辺銀一族だ。

その時、私は勝手に愛理さんとの運命的な出会いを感じた。初めてお会いしたのに、なんだか随分前から知っているような感じがして、すっかり恋に落ちてしまったのだった。『食堂かたつむり』の中でも、主人公の「倫子」が料理の神様と対話する場面がいくつかあるけれど、愛理さんの著書『ペンギン夫婦がつくった石垣島ラー油のはなし』の中でも、料理の神様という表現が登場する。

私も台所で料理を作っている時に、ふと料理の神様の存在を感じる瞬間がある。食材に触れたり匂いを嗅いだりすると、食材自らが最良の調理法を教えてくれるのだ。とても感覚的な話で言葉にはしにくい領域だけれど、確かにどこからか声が聞こえる。それを私は料理の神様と呼び、料理の神様の存在を感じている仲間達もまた、確実に存在する。

だからこれは、料理の神様に選ばれた愛弟子達を探し、会いに行く旅である。

愛理さんと無事に石垣空港での再会を果たし、まずはみんなで山菜採りへ。私の中で、山菜と沖縄がちょっと結びつかなかったのだけど、石垣島でも、私が生まれ育った東北地方の山菜とは種類とイメージが大きく違えど、山菜が採れる。そろそろ、琉球アザミが出始める頃だという。

愛理さんが、これだよと教えてくれたのは、葉っぱにとげとげがあり、かなり堅いアザミの葉。全身で、近づくなー、と叫んでいるような、凶暴な雰囲気を漂わせている。大きさは、大人の手のひらくらい。それでも、愛理さん曰《いわ》くまだまだこれは赤ちゃんで、本来はもっともっと、一枚の葉っぱの全長が人の腕くらいまで大きくなるという。

「全部採っちゃうと、せっかく生えているのに可哀想でしょ？」と愛理さん。一株から数枚だけを選び、葉っぱの根本から収穫する。なんでもそうだけれど、欲張ったり採りすぎるのはよくない。

場所を移動しながら、出始めの琉球アザミの葉っぱを収穫する。ホービーガンジューも見つけたので、そちらも収穫。先端がくるりと丸まっている柔らかな新芽を、ポキッと手折《たお》る。形は、ゼンマイに似ている。こちらも、明日のテツメシコースに入れてもらえることになった。

残念なことに、琉球アザミもホービーガンジューも、島では採る人が少なくなったという。ただの雑草として見向きもされなくなってしまったし、若い人達は食べ方も知らないことが多い。それを愛理さんは、料理上手の島のおばぁ達から教わって、辺銀食堂のメニューに登場させている。

他所《よそ》から来たからこそ、そこにもともとある物の良さが見えるのだと思う。地球には、キ

ラキラとした宝物がまだまだいっぱい隠されている。

今回の二泊三日の旅の目的は、全食、辺銀食堂でご飯を食べることだ。愛理さん曰く、「石垣にはもっといろいろおいしいものあるよー」とのことだけれど、とにかく、身も心も、辺銀ご飯でぎゅうぎゅうになりたかった。

実際に食堂の厨房で腕をふるうのは、料理人・吉岡哲生さん、通称テツさんだ。石垣島の食材に魅了され、家族と共にこの地に移住した。

辺銀夫妻と共にテーブルにつき、まずはゴーヤと泡盛のソルベから。口の中に流し込んだ瞬間、今朝、羽田空港に向かう時に乗った満員電車のストレスとか、次の作品に対するプレッシャーとか、そういうものが一気に吹き飛ぶ。がんばって辺銀食堂に来てよかったよぉ、と愛理さんの体にぎゅっと抱きつきたくなった。

食事中、私は「幸せ」という言葉を何度呟《つぶや》いたかわからない。その一皿一皿に、石垣島の海の恵み山の恵み、そして、辺銀夫妻、テツさんはじめ、石垣島ラー油を作っている石ラーシスターズも含め、辺銀食堂を支える全員の愛情がぎっしりと詰まっている。

愛理さんの名前にも使われている「愛」という漢字。そのもともとの意味を辿《たど》ると、どうやら「おなかがいっぱいで気持ちいい」という感情を表すのだという。諸説あるにせよ、私はその解釈を愛理さんからうかがった時、すとんと納得した。

確かに、おなかがいっぱいで気持ちいい状態から、愛《いと》しさや安らぎが生まれる。おなかが満たされていれば、争いだって起こらない。私は、人を平和に導くものは食べ物だと信じている。その考えは、愛理さんとも共通する。だからこそ、食べ物がとても大事なのだ。

翌日は、愛理さんが車で平久保崎灯台まで連れて行ってくれた。ぷくぷくとかわいらしく盛り上がった小高い山の向こうに灯台があり、そこからはるばる海を見渡すことができる。風がおいしい。光の当たる加減によって、海の色が刻々と万華鏡の中を覗いているように変化する。

帰り道に、おいしいソフトクリームの店を教えてくれた。私達が車を止めると、ドアを閉める音が聞こえたのだろう、離れた場所にある母屋から、女の人が飛び出してくる。彼女は、この店の店主、小山内さん。

牛を育てたくて、東京からひとりで移住したそうだ。現在四頭のジャージー牛を育てながら、ワゴン車で「べべ」を営み、小さな牧場で暮らしている。本当に安全な物しか口にしていない幸せな牛達なので、その牛達が出すミルクも、当然ながら幸せな味がする。昨日辺銀食堂でいただいた杏仁豆腐にも、ここのミルクが使われている。

ソフトクリームは、なめると舌の上に草原の香りが広がるようだった。ここにも、料理の神様に愛される弟子を見つけた思いがする。お昼は辺銀食堂に戻り、島かまぼこときくらげの白和え、それにスーチキーすばをいただいた。

それにしても、辺銀夫妻といると、どうしてこんなにも満たされた気持ちになるのだろう。一緒にいると、人と人との繋がりを大事にしているのがとてもよく伝わってくる。有名になった石ラーも、島のおじぃやおばぁが手塩にかけて育てた食材を使い、ただただ受け取った人が喜んでくれることだけを考えて作っているのだ。

だからこそ、ボトルやラベル、紐に至るまでとことんこだわる。きっと、そういう成功をひがんだりする人達もいると思うし、類似品を作って儲けようとする人達もいると思う。けれど、いくら外側だけを真似したって、そのものにはなれないのに。いくらでも、宝物は足《あし》下《もと》に眠っているのに。

そして、二日目の夜もテツメシコース。

とにかくどの料理も、スタンディングオベーションで、惜しみなく拍手喝采を送りたくなる。その中でも特に、石垣島産渡り蟹のココナッツカレー煮は絶品だった。こうしてメニューを文字にするだけでも、今すぐ石垣島の辺銀食堂の、あの窓際のテーブル席に戻りたくなってしまう。

昨日採りに行った琉球アザミも、もろみ豚と炒《いた》めて出してくれた。「今度から、アザミを見たらおいしそうって思うようになるよ」と愛理さんに言われていた通りで、細めの蕗《ふき》に似

名物、カラフルな5色の島餃子。赤ピーマン、ホウレン草、秋ウコン、イカスミで色づけした皮の中身も、島ラッキョ、葉にんにく、ウイキョウ、島人参など島の食材がぎっしり。左下：辺銀食堂を支えるスタッフのみなさん。この厨房からたくさんの笑顔と幸せが生み出される。

た歯ごたえの、とても上品な山菜だった。

一緒に採ったホービーガンジューは、ターンムコロッケの付け合わせとして出してくれる。ターンムとは田芋《たいも》のことで、出汁《だし》でほっこりと練り込まれた生地をサクサクの衣が包み、滋味溢れる最高の味。体中の一個一個の細胞が喜んで、歓喜の雄叫びを上げる。

食べていて一つ気がついたのだけれど、おいしい物を食べている時は、どんな大人でも、子どもの顔に戻るということ。フルーツパパイヤを食べ終える頃には、私もすっかり子どもに戻り、幸福な胃袋が出来上がっていた。

最終日、竹富島へ散歩に行く。

ほとんど人気《ひとけ》のないコンドイビーチでは、若いカップルが海で戯れていた。その様子を見つめながら、昨日デザートに出してくれた、「カーブチー」というヤンバルで採れた蜜柑《みかん》を頬張《ほおば》る。ほんのり酸っぱくて瑞々《みずみず》しく、房の中には大きな種が入っていた。

今の私の心模様にどこか似ている。小説を書き続けるということは容易なことではないけれど、書き続けたいという意志は、私の胸の奥深くに確かに宿っている。柔らかい海のグラデーションを見つめながら、私はぼんやり、次の作品の構想などを考えていた。

竹富島で料理上手のおばぁがいると聞き、店を訪ねた。手作りしたサーターアンダギーを、無理言って分けてもらう。サーターアンダギーは、外がカリッと中がふわりと柔らかく、しみじみと体に染《し》みる味だった。このカツコおばぁは本当に料理上手で有名らしく、ここにも、料理の神様の愛弟子をひとり発見した。

辺銀食堂に戻って、最後の昼食。

オリオンビールで乾杯し、地豆担々麺《ジーマミたんたんめん》を食べる。地豆とはピーナツのことで、石垣島ではこの地豆が、多いと年に三回も採れる。胡麻《ごま》の代わりに、ピーナツを砕いて使っている。だから、さらりとして、また違った食感になる。

名残惜しくて、最後の最後に寒天のデザートもお願いする。こちらもすべて完食し、すっかり元気になった。

私には、愛理さん自体が、大きな食べ物の木のように思える。暁峰さんは、その地面に寝転がり、愛理さんに常に栄養を送り続けている。食べても食べても、果実が尽きることはなくて、その人が本当に欲しい時やどうしても必要なら、時には葉っぱや枝さえも惜しみなくあげてしまう木。周りの人達をどんどん幸せに導いていく。

石垣島から那覇へ向かう飛行機に乗りながら、私はすっかり寂しい気持ちに包まれた。この次は、もっともっと長く滞在して、辺銀さん家《ち》のご飯をたくさん食べたい。海にも山にも行きたいし、満月の夜の西表島《いりおもてじま》に、エビを捕りにも行きたい。誰かと親しくなるということは、嬉しいと同時に、切ないことでもある。私は、身も心も、本当に隅々まで「命薬《ヌチグスイ》」にたっぷりと満たされていた。

東京から約二時間。
風そよぐ丘に、いっぱいの手間と
愛情で育てられた葡萄畑がありました。
育てた人の思いがギュッと詰まった房をしぼると、
それはそれは芳醇なワインの出来上がり。
おいしいお酒と素敵な笑顔で、
気づけば体もポカポカです。

栃木県足利市

ココ・ファーム・ワイナリー

どうしてだろう。ココ・ファームを訪れると、体の奥に気持ちのよい風が吹き抜ける。山の裾野に立ち、遥かな葡萄《ぶどう》畑を見上げると、またこの場所に帰って来ることができてよかったと、心の底からホッとするのだ。

ここは、私の心の楽園、ココ・ファーム。誇り高き国産自然派ワインの造り手であるこころみ学園の園生達に会うため、この年二度目となる葡萄畑にやって来た。

この日は、気温こそ低いけれど、見渡す限りの見事な青空。急峻な葡萄畑には、一年でっとも遅い収穫を待つノートンが、キラキラと輝く透明な傘を纏《まと》って陽《ひ》の光を浴びていた。

春先のことだった。ココ・ファームから素敵な贈り物が届けられた。段ボールの蓋《ふた》を開けると、マスカットジュースのような爽《さわ》やかな甘い香りが広がった。見ると、青々とした美しい葡萄の葉っぱ達。春先に行う「芽かき」という作業の際に切り落とされた新芽で、天ぷらのようにして食べるとおいしいと書き添えてあった。さっそく衣をつけて揚げてみると、かすかにほろ苦く、酸味もあって絶妙の味がする。こんなふうに葉っぱをいただけるのも、除草剤や防虫剤などを使っていないからなんだと、改めて気づいた。

ココの葡萄畑には、たくさんの種類の下草が生えている。除草剤を撒《ま》いてしまえば、その下草をすっかりなくすことはできる。けれどそれでは、園生達の仕事が失われる。そもそもこの葡萄畑は、障害があるとして社会の枠から外された少年達に、やってもやっても尽きない仕事をと、半世紀前に開墾された土地だ。たまたま選んだ土地が、葡萄栽培に適したジュラ紀の乾いた地層だった。

それに、下草が生えていれば、いろいろな虫が集まってくる。虫がいれば、鳥もやって来る。そうなれば、木の皮を剝《は》いで虫を退治したり、鳥を追いやったりと、たくさんの仕事が生まれる。仕事とは、本来そういうもの。葡萄の木が週休二日で働いているのではないように、人の営みも尽きせぬものだ。

さっそく、池上知恵子さんに葡萄畑を案内していただく。池上さんはこころみ学園の園長、川田昇先生のお嬢さんで、現在、ココ・ファームの運営にあたっている。

赤ワインは、皮も種も一緒に仕込む。だから、葡萄の実のみならず種もしっかり熟すまで木に残しておくのだという。この年は粘りに粘って、十一月の半ばを過ぎてもまだ収穫を我慢している品種もある。中には、すでに水分が抜けて、干し葡萄のようになっている実もある。一粒口に含むと、皮も実もしっかりと甘く、種はアーモンドのようにカリカリとして香ばしかった。当たり前のことだけれど、おいしい葡萄からしか、おいしいワインは生まれない。

最大の天敵、カラスから畑を守る番人、コミネ君の仕事現場も見せていただく。すでに大半の葡萄が収穫を終えた後なので、コミネ君の見張り場所はキラキラの傘を被《かぶ》ったノートンという品種に絞られている。

葡萄栽培を始めた当初、いらなくなった楽器を譲り受け、それを鳴らしてはどうかと提案した。けれど、そうすると楽器の奏でる音色では、カラス達が逆に音楽を聴きに畑に集まってしまうという園生達からの指摘があり、楽器を鳴らすのは却下。今は空き缶（ドラム）を専用の木の枝（スティック）で鳴らしている。早く鳴らしたり、ゆっくり鳴らしたりを繰り返しながら、時には歌もうたい、実を狙うカラスらに目を光らせている。

コミネ君はこの仕事を十八年も続けている。暑い日も、風の冷たい日も。一日だけならできるかもしれない。けれど実際にやり続けることは容易ではない。他の人にはできないことができる人達、それが園生達だ。そしてコミネ君は、「来年もがんばるよー」と言いながら、その年の最後の仕事を終える。

ココでは、葡萄からワインを造る際、酵母はすべて、葡萄の皮に付着している自然のものだけを使う。だから、当然なのだけれど、たとえ同じ品種から造るワインでも、毎年毎年味が違う。「葡萄自身が、なりたい味になる」のだという。食べ物とは本来それが当然であるはずなのに、最近はそんな当たり前のことさえもが、当たり前ではなくなってきてしまっている。人間が自分達の都合に合わせて自然を変えようとすることが、果たして知恵と呼べるのかな。

とは言え、すべて自然任せにして人は何もしないかというと、そうではない。葡萄が心地よく葉を茂らせられるよう、園生達は気持ちのよい環境を整えてあげる。時には、あまり発酵が進まないワインのタンクに、電気毛布を巻いてあげることだって。ココには、人間らしいユーモアと優しさが溢れている。

こころみ学園には現在、百四十人前後の障害者が集う。そのうち九十名ほどが、施設で一緒に暮らしている。中には、この地に辿り着く前、外の世界で本当に辛い思いをしてきた園生もいる。それ故に園生達は、自分達の労働が必要とされ、質の高いワインを造っていることに誇りを持っている。けれど、思慮深く寡黙な園生達は、決してそれを声高には主張しない。そんな園生達を、池上さんは「密かに」のプロだと表現する。誰に自慢するでもなく、密かに誇りを持っているのだ。

池上さんが、杉の木立に見守られるひっそりとした場所に案内してくれた。そこは、ささやかな墓地だった。墓石には、「ここでくらし働いた人たちの墓」と書かれ、二十三名の園生の名が刻まれていた。こころみ学園が誕生して約半世紀。身寄りもなく、ここで亡くなる園生も増えている。近くには、飼っていた犬や猫、小鳥達の眠る手作りのかわいいお墓も作られていた。この世に生まれ、ただひたすらに生を全うし、そして死んでいったみんなの、ささやかだけれど確かな印のような場所だった。

取材を終え、池上さんと一緒にランチをいただく。一皿一皿の料理に合ったワインを飲みながら、青空の下に広がる葡萄畑を一望すると、遠くからまたコミネ君の演奏が響いてくる。午後になり、一段と風が冷たくなった。

海老の塩焼きを丸かじりしていると、けぃちゃんの愛称で親しまれている背の高い男性がやって来た。食事中の私達に、『君といつまでも』を熱唱してくれる。途中、みんなでワワワワとコーラスを入れながら、私達は幸福な笑いの渦の中にいた。自閉症、ダウン症、知的障害。名前をつければ簡単につけられる。けれど、世の中にはいろんな人がいていいんじゃないか。みんながみんな、同じである必要は全くないと、私はそんなふうに思っていた。ここには、けぃちゃんをはじめ、ユニークで明るい人達がたくさんいる。

ある年の初夏、雹《ひょう》が降って葡萄が全滅した。先生達は皆、それを見て落胆した。けれど園生達は「明日またがんばっぺ」と言って、とにかく普段通り眠ったという。雹に降るなと言っても、降る時は降るもの。どうしようもないことに落胆しても結果は変わらないことを、彼らは本能で知っているのかもしれない。

密やかな誇りを胸に、園生達は今日も、静かに大地と向かい合う。冬の間にお礼肥《れいごえ》をし、また来年の実りを心穏やかに待っているのだ。

メイドイン地球の、天然氷。
ガラスのように透明で、食べると
口の中でふんわり溶けて、じんわり甘い。
地球の味がするかき氷は、
心にあたたかい不思議な氷です。

埼玉県長瀞

阿左美冷蔵

埼玉県秩父郡長瀞《ながとろ》。この地に、百二十年近くも毎年欠かさず天然氷を作り続けている蔵元・阿左美冷蔵がある。明治二十三年（一八九〇）創業で、現在は五代目となる阿左美哲男さんが看板を守る。その貴重な天然氷を使ったかき氷を求めて、夏場は一日に千人もの人が訪れる人気店だ。

そもそも天然氷とは、寒さを利用して自然の力で作られた氷のこと。おいしい氷が生まれるためには、冬のしっかりとした寒さと、ミネラル分を豊富に含んだ美しい水が不可欠。つまりは、健全な地球の営みそのものが重要になってくる。

さっそく、天然氷を作っている現場へ向かう。かすかな轍《わだち》を頼りに、細い山道を車で走ること数分。山の中腹にプールが現れた。正式には、製氷池という。これは、昭和六年に二代目と三代目が作ったもの。縦十五メートル、横二十メートル、深さ八十センチのプールが、段々畑のように三段続いている。

隆盛期は、この本野上《ほんのがみ》の三つのプール以外に、ひと山向こうの山根沢という場所にもプールがあり、合計八つのプールで氷作りを行っていた。けれど、昭和三十年代の電気冷蔵庫の普及により、天然氷の需要が激減。今なお天然氷を作り続けている蔵元は、阿左美冷蔵を含め、全国でたった三軒だけになった。

天然氷作りの工程は、まず十月の初旬にプールの周りに生えた背の高い草を刈り、きれいにする。その後、春と夏の間に水を抜いておいたプールに再び水を張り、プールを清掃。何度も水を入れ替えながらプールの底や壁面を丁寧に磨き、汚れを落とす。そして、落ち葉がなくなる十二月二十日頃から、いよいよプールに水を貯め、寒くなるのをじっと待つ。

水源となっている高野原の伏流水を両手で掬《すく》って飲んでみる。一月の水は、指先の感覚が麻痺して冷たさを感じられないほどに冷たくなっていた。それでも、口に含むとふわりとして柔らかく、ほのかな甘みが舌の上に広がる。私の脳裏には、甘露という言葉が浮かんだ。

実際、この天然水で作った阿左美冷蔵の氷の結晶を見ると、結晶が大きすぎて汚れが入り込む隙間すらなく、結果としてほとんど透明な状態になるのだという。これは、二百万年前の南極の氷にも匹敵する純度らしい。

こうして、初代からずっと純粋な製法を守り、天然氷を作り続けてきた。けれど今、自然に則《のっと》った氷作りのサイクルに異変が起きている。その原因は、地球温暖化。十年後には、天然氷がこの世から消えてしまうかもしれないほどに深刻だ。

阿左美冷蔵には、先代の残した貴重なノートがある。哲男さんが家業を継いだのは十七年ほど前だが、その先代である哲男さんのお父さん、四代目・吉雄さんは、一九六〇年から一九九〇年までの三十年間、毎年、一月と二月の毎朝六時の気温を記録し続けた。それを見ると、いかに温暖化が進んでいるのか如実にわかる。

まず、長瀞における冬場の平均気温が、記録を開始した一九六〇年と比較すると、なんと、三・五度も上がっている。人間がこれだけ体温が上昇するとどうなってしまうかを考えると、地球がいかに大変な状況にあるか、容易に想像することができる。

また、先代の頃は、マイナス十度や十二度といった極寒の朝が一冬に二十日はあり、二年に一度は十二月中でも結氷し、一冬で二回採氷することも可能だった。

ところが哲男さんの代になると、マイナス十度を下回ったのは十七年間にたった三日しかなく、一冬に一回の採氷が限界になっている。哲男さんは、温暖化を肌で感じている。

プールで氷を育てている冬の時期、哲男さんは愛犬と共に朝六時からプールに出向いて作業を始める。氷を育むのは自然の力でも、人が何もせずに傍観していれば勝手においしい天然氷ができるのかというと、そうではない。

自然相手の暮らしは何でもそうだが、やはり天然氷を作る場合も、自然の動きを見極める判断力と、余計な手出しをしない忍耐力が必要になってくる。こまめに氷の状態を把握し、適切な補助をするからこそ、青く輝く透明度の高い宝石のような氷が誕生するのだ。

哲男さんの口から語られると、氷はまるで生きているかのようだった。けれどよくよく考えれば、水も生命体であるとするなら、氷もまた、私達と同じように命のある生き物であると言えるのかもしれない。

氷は、マイナス五度以下になると一日に一センチずつ成長する。最初に結氷した薄氷は、不純物が多いので一度捨て、再度結氷するのを待ち、全面結氷したら、柄《え》の長いブラシで表面の落ち葉や埃《ほこり》を掃除する。氷が五センチまで育たないと、人の体重を支えきれず割れてしまうので、氷上での作業ができない。この作業は一日数回にも及ぶ、過酷な重労働だ。

また、水は凍ると膨張する性質があるので、圧力がかかってプールが破損しないよう、毎日、朝と晩に氷の端の部分を割って掬い出しておく作業も怠れない。

純度の高い透明感のある氷ができる条件は、第一に成長の段階で雨や雪が降らないことが挙げられる。ここ秩父盆地も、かつてはその条件を満たしていた。けれど温暖化の影響で、哲男さんの代になってからは、突然の大雪に見舞われることも少なくない。そんな時は、家族や近所の人が総出で、夜通し雪かきを行うという。

こうして自然と人との共同作業によって少しずつ育まれた氷は、十五センチの厚さまで成長すると、いよいよプールから切り出される。ひと固まり五十キロから六十キロの立方体にカットされた氷は、阿左美冷蔵の本拠地、金崎本店の冷凍室に運ばれ、春からのオープンを静かに待つ。

「今年は、五年ぶりにいい氷ができたよ」と哲男さん。お椀《わん》にふっくらと盛られた白い山に匙《きじ》を差し、ドキドキしながら口に含むと、かき氷は舌の上でサラサラと溶け、まるで上等な氷の綿を味わっているようだった。不思議なことに、冷たいのだけれど、どこかに温《ぬく》もりさえ感じてしまう。

ある時、ひとりのお客がやって来て、阿左美冷蔵のかき氷を持ち帰りたいと言ったという。その切羽詰まった表情に訳を尋ねると、あと数日しか命が持たないと言われたおばあさんが、最期にどうしても長瀞のかき氷を食べたいと言っているとのこと。その願いが叶《かな》えられたかどうか定かではないけれど、私もおばあさんの気持ちがよくわかった。体に違和感なくスーッと馴染《なじ》む本物のかき氷は、調子が悪い時こそ体に潤いをもたらし、心をも癒してくれるのかもしれない。

ひと匙口に含む毎に、夢見心地にさせてくれる素敵なかき氷だった。氷砂糖と和三盆から作られたオリジナルの氷みつは、上品で優しく、儚《はかな》げな氷をしっとりと包み込む。アレルギーやアトピーのあるお客さんにも安心して食べていただけるよう、阿左美冷蔵では、天然氷にふさわしい天然素材のシロップを、常々開発している。

寒空の下、繊細で優しい味のかき氷を味わいながら、私は不意に気づかされたことがある。それは、本来のかき氷というのは、哲男さんのように厳しい自然と向き合う人達の努力と忍耐によってもたらされる、冬からの貴重な贈り物であるのだ、と。

ここは、昔ながらのお店が並ぶ一本杉通り。
「あら、いらっしゃい」
暖簾をくぐれば、小柄で元気な女将さんが、
とびきりの笑顔でお出迎え。
能登で一番小さくて元気な醤油店の軒先から溢れる、
香ばしいお豆の匂いと賑やかな笑い声が、
道行く人を、「おいで、おいで」と誘います。

能登半島七尾市

鳥居醤油店

石川県七尾市。ここに、古くからの町並みを残す商店街、一本杉通りがある。

鳥居醤油《しょうゆ》店がこの地で店を始めたのは、大正十四年（一九二五）。親戚の醤油店の息子が医者になってしまったので後継者がおらず、そのまま道具を引き取った。それまでは和菓子屋、その前は小間物屋をやっていたという。

「もともとお菓子屋だから、土地が狭いでしょう。住まいも入れて二百坪しかないから。醤油屋としてはすごく小さいの。でもそのおかげで高度経済成長の時も機械化ができなくて。今となっては、それがよかったのよね」

現在、鳥居醤油店の暖簾《のれん》を守るのは、三代目の鳥居正子さんだ。鳥居家では代々女性が店を継いでおり、ご主人の貞利さんはサラリーマンとして働いている。

この日はちょうど、醤油用のこうじを仕込んでいた。作業場にある大きな和釜で、薪《まき》を焚《た》いて火加減を調節しながら、たくさんの大豆を湯がく。薪は、建築家の友人から分けてもらった廃材を使い、湯がく時に使う水も、地下から汲《く》み上げた井戸水だ。

現在、多くの醤油店では、こうじは外から仕入れるのが普通になっている。けれど鳥居醤油店では、昔からの製法を守り、醤油も味噌《みそ》も、素《もと》となるこうじから造っている。鳥居醤油店でいう「仕込み」とはこうじの仕込みを意味し、つまり多くの醤油店とは、そもそもスタート地点からして違うのである。

醤油のこうじは「麹」と書く。漢字を見ればわかるように、原料は麦。能登産の小麦を煎《い》って砕き、それを茹《ゆ》でて冷ました大豆と合わせ、更にこうじ菌と混ぜる。

これを、まだほんのり温かいうちにこうじ蓋と呼ばれる木の器に入れ、こうじ専用の室《むろ》に収める。そこで四日かけて発酵させると、醤油こうじが完成する。それを、能登の塩、鳥居家の井戸水と合わせ、もろみ蔵にある杉樽で二年間熟成させると、とろりとしたもろみになる。

このもろみを麻袋に入れ、ふねと呼ばれる圧搾機で搾ると、生醤油が完成する。更に生醤油を和釜に入れて火入れをし、微生物や酵素の発酵を止め、同時に香りを調える。これを貯蔵樽に入れて澱《おり》が沈むのを静かに待ち、瓶に詰めてラベルを貼れば、正真正銘、鳥居醤油店の醤油になる。

この、こうじの仕込みから瓶詰め、ラベル貼りまでの一連の仕事を、創業から今日に至るまで、ほとんど古くからある道具だけを用い、手作業で行ってきたのだ。

正子さんはどんな作業をする時も「手」をとても大事にする。

「人間の手には目に見えないものが生きているっていうでしょう。だから必ず、麦と大豆を混ぜる時も手でやるの。おなかが痛い時に手のひらを当ててもらうとスーッと痛みが引くように、人の手にはものすごい力が宿っているから」

台の上で麦と大豆を素手で混ぜる正子さんは、とても穏やかな表情を浮かべていた。何を

湯がいた大豆と煎った麦、こうじ菌を混ぜる正子さんと、お手伝いのタカちゃん。こうじ菌のおかげで、お肌がスベスベ。

考えているのかと尋ねたところ、無心の時もあれば、家族の健康を心配したり、「あの人（ご主人）が定年になったら、どうやって暮らしていくんだろう」と考えたり。そういう、醤油造りに関わるすべての人の想いや気が混じり合い、手を通して大豆や麦に伝わり、やがて鳥居醤油店の味になる。

大豆と麦とこうじ菌を混ぜ合わせていた正子さんは、最後にさっと両手を合わせて目を閉じた。良いこうじができますように、というお祈りの儀式だった。科学では証明できなくても、何気ない仕草の一つ一つが、こうじに良い影響を与えているのだろう。

二〇〇七年、能登を襲った地震の時、正子さんは真っ先に、もろみ蔵と先代のおばあちゃんを心配したという。その日は、いつもなら和釜に火を入れる日だった。けれど、正子さんは同窓会の幹事だったため、幸運にもその作業をしていなかった。もろみ蔵も無事、おばあちゃんも大黒柱にしがみついて助かったとわかった時は、心底ホッとしたという。

その、明治時代に七尾を襲った二度の大火を免れ、そして能登半島地震にも耐え抜いた土蔵造りのもろみ蔵は、まるで礼拝堂のような、神秘的な空気に満たされていた。

小窓からうっすらと光が差し込む中、もろみが静かに発酵している。蔵の壁に付いている菌が発酵を促してくれるため、ここでの人の作業はほんのわずか。この蔵には、そういう目には見えないたくさんの力が息づいている。

醤油造りは、基本的に同じ作業の繰り返しである。季節の巡りに法《のっと》ってこうじを仕込み、もろみを仕込み、もろみを搾って瓶に詰める。そして、それを手作りするということは、かなりの重労働でもある。正子さんは当初、先代の働きぶりを傍《はた》で見ていて、自分には絶対に無理だと感じていた。

正子さんは、若い頃金沢に住んでいたことがある。その時、能登で農業をやっていた母親に、「楽しいけ？」と尋ねたことがあった。母親は、「あきんよ」と答えたが、当時の正子さんには、その意味がピンとこなかった。

けれど四年ほど前、正子さんがこうじ室で作業していた時のこと。ふと、その時のことを思い出した。そして、母親が言ったその言葉の意味が、わかったのだという。

「私、バカな質問をしたと思ってさ」

正子さんは言った。農業も醤油造りも、同じことの繰り返しだけれど、同じようでいて少しずつ違う。また、普通にサラリーマンの奥さんになっていたらわからないことも知ることができたし、醤油屋になったからこそ出会えた人達もたくさんいる。だから今は、醤油を造ることがとても楽しい、と。

お昼になり、正子さんの友人で料理上手のクニさんが、能登のご馳走《ちそう》を用意してくれた。

能登は、左手の親指を軽く曲げたような形をしている。内側は湾になっているため、七尾のある内海と、輪島などがある外海とでは、食文化が大きく異なる。能登は、小さく見えて結構広く、とても奥が深い。正子さんは、外海の方で生まれ育った。

海藻しゃぶしゃぶは、その外海を代表する春のご馳走だ。私も愛用している鳥居醤油店オリジナルの「だしつゆ」と唐辛子で味付けした汁に海藻を浸し、しゃぶしゃぶして食べる。さっきまで茶色かったツルモとワカメが、汁の中でさっと鮮やかな緑になった。

醤油こうじを仕込む時によく鳥居家で作るという大豆のかき揚げも、本当に目から鱗《うろこ》のおいしさだった。大豆をかき揚げにするという発想自体が珍しいし、さっき和釜で湯がいていた大豆もほくほくして味が濃く、からりと上手に揚がっていた。当然ながら、鳥居醤油店の醤油ともよく合う。正子さんはこれを、子どもの頃、よく給食で食べたという。

他にも、酒造りが盛んな七尾らしく、中島菜《なかじまな》という地野菜を使った酒粕和えや、野《の》甘草《かんぞう》の醤油和え、正子さんご自慢のお米を炊いた土鍋ご飯。更に、イサザという春になると川に上がってくる小魚の躍り食いまで、たくさんの能登のおかずが食卓を飾る。デザートは、鳥居醤油店のもろみアイスだった。

日本人の食卓には欠かせない醤油。鳥居醤油店が生み出す醤油には、その一滴に至るまで、正子さんはじめ、醤油造りに携わるすべての人々の想いと愛情が、ぎゅっと濃密に詰まっていた。

伊吹山からの風を感じる伊吹町。
昔ながらの旅館の中に
フランス料理屋さんがありました。
お刺身、おうどん、鮎の塩焼き……。
地元の味を知り尽くしたご夫婦ですから、
フランス料理も伊吹風です。

滋賀県米原市

レストラン「ベルソー」

滋賀県米原市、琵琶湖の北東部にあるレストラン、ベルソー。

松田光明さんがシェフを務めるこのベルソーは、「瓢箪屋《ひょうたんや》」という古い旅館の建物の中にある。ここは奥様である美穂子さんのご実家で、かつては美穂子さんの両親が料理旅館をやっていた。

玄関先の水槽では金魚が泳ぎ、入ってすぐのロビーにはマッサージチェアと大型テレビが置かれ、本当に昔ながらの風情が漂う。そして、今でも地元の人達の冠婚葬祭に使われている。その時の仕出し料理を作っているのもまた、松田シェフである。

注文を受ければ、自分のできる範囲で、どんな仕事でも受けます、とのこと。町の人達から弁当を頼まれることも多い。たとえば、ホッケーが盛んな土地柄、「がんばれホッケー弁当！」を百人前とか。そういう時も、美穂子さんが紙に弁当の設計図を描き、食べる人達のことを考えながらその都度内容を考案する。そういう瓢箪屋の仕事があるからこそ、一日一組だけという贅沢《ぜいたく》なベルソーの運営が成り立つのだ。

松田夫妻にとっては、八百円の瓢箪屋の弁当を食べて喜んでもらうことも、一万円のベルソーのコース料理を食べて喜んでもらうことも、誰かを幸せにするという点には変わりがない。

瓢箪屋の玄関先で靴を脱ぎ、スリッパに履き替える。こちらです、と案内されたベルソーは、とても清々しい空気に満ち溢れていた。ほんのり伽羅《きゃら》のお香が炷《た》かれ、障子の向こうには鄙《ひな》びた中庭が広がる。

最初にここを始める時、わざわざ今ある和室を壊して新しく洋間を作ろうとは思わなかった、と松田さん。確かに和室二間分のベルソーは、古い日本家屋の良さが随所に活かされている。土壁にこだわり、障子には近江の手漉《てす》き和紙を使用。照明は蛍光灯と白熱灯を組み合わせ、昼と夜両方の光を再現した。音楽も、食事の邪魔をしないよう、耳からではなく毛穴から染み込むような感じにと工夫されたオーディオ機器を使っている。

野草を飾ることも含め、これらはすべて「自然」であるがため。お客様と自然の恵みを五感で分かち合いたいからだ。自然とは即ち、地球からのメッセージを意味する。

ベルソーを始めてからの十八年間、試行錯誤を繰り返して現在のスタイルに行き着いた。その真摯《しんし》な眼差しは、水一滴、塩一粒にまで行き渡っている。松田さんは決して多くを語らないが、食材の一つ一つに、そこに至るまでの長い歴史がある。

一時は自然の偉大さに感服し、塩一つ振ることさえ躊躇《ためら》われた時期もあったという。けれど、その頃に食べた天然魚と伊吹ワサビのお刺身や、姉川の鮎の塩焼きのおいしさが、人間として自然の食材を料理することの意味を教えてくれた。海の魚とワサビ、川の魚と塩の組み合わせは、どれも人間がいなければ出合うことがない。これこそが料理人の仕事ではない

木の下から湧き水が出て、クレソンが自生する。春と秋の一週間のみ食べられる贅沢。わさびもベルソーを支える大切な食材。

かと気づかせてくれたのだ。それ故、フランス料理のオードブルにこだわらず、前菜にはお造りを出すようになった。それが、ここ伊吹における一番おいしい自然な食べ方であるからだ。

もちろん、このスタイルに辿り着くまでには、数々の悩みや葛藤もあった。あまりにも自然にこだわるあまり、野草のない冬はテーブルに花さえ飾らない時期もあったという。けれど今は違う。自分の力を出しつつも、天命をじっと待つというスタンスに落ち着いたのだ。

サービスの時は黒子《くろご》に徹するという美穂子さんだが、食事に明らかな目的がある場合は、最大限の思いを込めておもてなしする。結婚記念日なら、この夫婦が一生幸せであることを祈り、恋人同士なら結ばれることを切に願う。美穂子さんにはひとつおまじないのアイテムがあり、男女のお客様の時は、それをさりげなくテーブルに飾る。

一方の松田さんも、妊婦さんには瞳のきれいな子が生まれるというアワビを出したり、還暦のお祝いには鯛の姿焼きを作ったり、おめでたい会食には紅白のうどんを出したりと、料理で想いを表現する。

料理人の幸福度を測る物差しはたくさんあるけれど、人をどれだけ幸せにしたかというシンプルな尺度を用いるなら、松田さんは間違いなく、幸福な料理人だと思った。幸せな料理人でなければ、お客様を幸せにすることはできない。ベルソーには、そんな生きる上での基本的な哲学が、しっかりと足下に根付いている。

ベルソーとは、フランス語で「揺りかご」を意味する。料理には、伊吹山の恵み、近くの海の幸が、ぎっしりと詰まっていた。私はそれを、舌と心と人生のすべてを使い、夢見心地で味わった。まさにそれは、地球という揺りかごに揺られているような幸福だった。

松田さんは言う。料理人として料理をたくさん作ってきたけれど、人間は草ひとつとして作ることができない。自然こそが、偉大な料理人なのだと思います、と。

ちょっとそこまで。
スーパーマーケットに行くみたいに、
近くの畑にお買い物。
ふくふくの空豆も、味濃い卵も、つやつやのハチミツも。
ご近所さんが、大事に大事に育てた
生産地も生産者も、注いだ愛情までまる見えの
安心食材ばっかりです。

東京都世田谷区

島田農園・吉実園・宍戸園

都会で生活しながらも、環境に負担をかけず心地よく暮らす方法はないものか。それが、ここ数年の私のテーマだ。自給自足の生活をすれば環境に良いのはわかっている。けれど、現実問題としてそうはできない自分がいる。そんな苦悩の中から自分なりに見出《みいだ》した答えが、地元でとれた物を地元の人達で消費する、地産地消。見渡せば、東京にもまだまだ農家がたくさん残っている。

東京都世田谷区。都心へのアクセスも良く人気のこの界隈は、実は地産地消の宝庫でもある。至る所に畑があり、その一角には作物を売る無人販売機が置かれている。生産者から直接消費者が買うことで、輸送によって排出される二酸化炭素はゼロ。そこには、顔の見える付き合いがある。

島田農園の島田秀昭さんも、世田谷で土を耕す農家のひとりだ。製粉業の傍《かたわ》ら、代々受け継がれてきた広大な畑で、梅や筍、じゃが芋、さつま芋などを育てている。先代からは、製粉工場で出る麦ぬかやもみ殻を再利用し、有機農法にも取り組む。こうして、安全に作られ安心して食べられる野菜を、近隣の人達に提供しているのだ。

野菜の地産地消だけではない。江戸時代から続く農家を営む吉実園の吉岡幸彦さんが育てているのは、なんと豚。けれど周りは閑静な住宅街だし、道路から見る限り造園用の植木がたくさん植えられているだけで、豚のいる気配は全くない。

ところが、道路からほんの少し奥に入っただけで、いきなり本物の豚が現れた。柵で囲われた広い敷地に、豚が放し飼いにされている。あまりにも長閑《のどか》な光景に、一瞬言葉を失いかけた。そして吉岡さんに案内されるまま柵の中に足を踏み入れると……。豚達からの、ご愛敬たっぷりの洗礼が待っていた。

私の周りに寄り集まってきた豚、豚、豚。離れていた時はそんなに感じなかったけど、間近で見る豚はかなり大きい。子豚で三十キロ程度だが、大きくなると優に百キロを超える。私は一瞬にして豚達に取り囲まれていた。豚は、しっかりと鎧《よろい》(泥とフンの混じった物)を纏い、全身泥だらけである。

新参者への挨拶か、仲間が来たと思ってじゃれているのか、とにかく皆、ぷにゅぷにゅとした柔らかい鼻づらを押しつけてくる。しかも、履いていた靴に興味があるのか、みんなでその靴を脱がそうとし、そのまま口に含み食べようとする。豚は雑食なので鋭い歯は持ち合わせていないのだが、それでも手加減などするはずもなく、ものすごい力で靴を齧《かじ》る。瞬《また》く間に、ジーパンも靴も泥だらけになっていた。

それにしても、近くで見る豚はすごくかわいい。愛嬌のあるつぶらな瞳、カールした長いまつ毛、笑っているように見える口元。吉岡さん曰く、豚はとても賢く、好奇心が旺盛で、飼ってみると犬よりもかわいいとのこと。確かに、柵のそばに吉岡さんが立つと豚達は自然

にそこに集まってくる。「こんなにいい環境で育つ豚は他にいないよ」との言葉通り、吉実園の豚達は、ストレスがなく自由奔放にのびのびと育つ。とても幸せそうだった。

そもそも吉岡さんが豚を飼い始めたきっかけが面白い。なんと、最初はポニーを飼いたかったのだという。造園業を営む吉実園には植木のための広大な敷地がある。そこをポニーに乗って散歩したかったらしいのだ。吉岡さん、根っからの動物好きである。けれど、当然と言えば当然、家族に猛反対をされた。そこで、ポニーがダメならばと、今度は独断で豚を買ってきてしまったのだ。一頭では淋しかろうと、最初は三頭からの門出だった。それが今では、乗豚をする暇もないほどの、二十頭以上の「親父」である。

豚以外にも、吉実園では烏骨鶏《うこっけい》、アローカナ、ボイスブラウンという三種類の鶏を飼っている。放し飼いなので、鶏自体にもストレスがかからない上、雑草を食べて草むしりを勝手にしてくれるから大助かり。雄も一緒に放し飼いにしているので、雌が産むのは有精卵となり、栄養満点のおいしい卵ができる。「うちの卵食べたら、他のは食べられないよ」と吉岡さん。おっしゃる通り、最高の卵だった。毎日でも、卵かけご飯が食べたくなる。

産み立ての卵は、ぽかぽかと温かかった。有精卵だから、そのまま雌鶏が温め続ければ雛になる。そこには、命そのものがぎっしり詰まっている。そんな卵をいただくのだ。ひとつとして、無駄にすることは許されない。

吉実園では、植木の手入れをして出た葉っぱなどのゴミを粉々にして豚糞と混ぜ、そこに米ぬかも加えて切り返しをしながら熟成させる。それを更に鶏小屋に入れ、今度は鶏糞も混ぜ堆肥にする。「オーガニック」などという言葉が頻繁に登場する以前から、地球にも人にも優しい循環農業を営んできた。

こうして大切に育てられた豚達は、やがて出荷され、東京Xとなって私達の命に還元される。手塩にかけて育てた豚を手放すのは、きっといつだって辛いはず。それでも消費者においしく食べられることで、その気持ちが浄化されるのだろう。

一方、宍戸園の宍戸達也さんは、こちらも十数代続く農家の畑を受け継ぎ、土を耕しミミズも長野からスカウトして、九年前からブルーベリーの有機栽培を行っている。そして、授粉用にと飼い始めたミツバチがきっかけとなり、今では本格的に西洋ミツバチを飼い、養蜂にも取り組んでいる。

大きな桜の木の下に置かれた巣箱では、ひっきりなしにミツバチ達が出入りを繰り返していた。ミツバチは、とても高度な集団生活を営む。女王蜂に仕えるメイド、巣箱への外敵侵入を防ぐ門番、花の蜜を集めてくる働き蜂など、それぞれにきっちりとした役割がある。必死になって蜜を集めてくるその姿は、健気であり愛《いと》おしかった。

宍戸園の畑には、ブルーベリー以外にも、バラ、レモン、すぐり、桃など、たくさんの植物が植えられている。そこはまるで、畑というより花園のようだった。散歩気分で歩いていると、どこからか甘い香りが漂ってくる。蜂蜜にバラの花の蜜が混ざると、セクシーな味になるのだそうだ。

ミツバチは、半径約二キロの世界を飛び回り、蜜を集める。それをミツバチにしかできない方法で、蜂蜜へと変える。人間の知恵で花の蜜を採ることはできても、それを蜂蜜に変えることは絶対にできない。つまり蜂蜜というのは、その土地そのものの味であり、唯一無二のもの。しかも、ミツバチが一生のうちに生産できる蜂蜜の量は、わずかにティースプーン一杯分とされており、大変貴重なのだ。

巣箱を開けて直接指で掬い取った百パーセント純粋な蜂蜜を口に含むと、一瞬にしてふわりと天国に導かれるようだった。力強く芳醇で、かつロマンティック。さまざまな花の香りがする。

宍戸さんは、たとえばローズウォーターを作るためのバラの花びらを摘み取る時も、身を清めるためにシャワーを浴びる。自然と向き合う時は、常に気持ちが大事、と宍戸さん。毎朝、ミツバチさんおはよう！　バラさん、今日も素敵！　そんなふうにニコニコとした気持ちで接している。中途半端な気構えで作っていたのでは、蜂蜜に込めた自分達のメッセージが消費者に伝わらないと思うからだ。宍戸さんの言葉は、一つ一つが詩のようだった。

野菜、豚肉、卵、蜂蜜。これだけ揃《そろ》えば、十分豊かな食生活を送ることができる。それらを、欲張らず無駄にせず、丁寧に料理し感謝していただく。私達都会に暮らす人間も、ちょっとした選択の仕方で、せめて地球を労《いた》わる暮らしができるかもしれない。取材の間中、私は「希望」という言葉を噛みしめていた。

静かな住宅地の片隅で、
今日もひとり静かに、お菓子作り。
「おいしくなりますように」
一層一層願いを込めて焼き上げるのは、
想いが詰まってどしんと重たい、
素朴で真面目な、「男のケーキ」です。

奈良県奈良市

バウムクーヘン「デルベア」

ある日、DERBÄRと印字された白い箱が届いた。何か大切なものを守るように、鮮やかな黄緑色のリボンが結ばれている。リボンを解《ほど》いて蓋を開けると、ふわりと甘い香りが広がった。まるで、小さな生き物がそこでひっそりと呼吸をしていたかのように。

中身はバウムクーヘン。その美しさに思わずため息が零れる。ドイツ語で「木のお菓子」を意味するバウムクーヘンだが、目の前にあるのはまさに、たった今、木の幹を切り出したような素朴な姿。どっしりとした重みがあり、焼きっぱなしの外側にはぷくぷくと不揃いな凹凸ができていた。

この、本場ドイツの製法で自然の素材のみによって作られたという真っ当なバウムクーヘンの作り手を訪ね、奈良へ行った。たったひとりで店を切り盛りするのは、熊倉真次さんだ。「一から十までを自分で作る職人になりたかった」と話す熊倉さんは、青森で生まれ育ち、大学の時に京都へ。学生時代は法学部で学び、卒業後は法律事務所に勤めた。それが六年前、突如バウムクーヘン屋さんに転身した。

もともとドイツ製品が好きで、それ故にバウムクーヘンを作ってみたかったという熊倉さんは、まずは自ら鉄工所に出向き、バウムクーヘンを焼くためのオリジナルオーブンを制作した。そこから独学で、自分に合ったバウムクーヘンの作り方を模索。日曜日に試作して、我が子をあちこちに嫁に出しては感想を聞き、更に改良を重ねていった。理想とするのは、

様々な自然の材料が入っているのだけれど、どれかひとつの味が突出するのではなく、食べた時に何が入っているのかはわからない、総合しておいしいと感じる、そんな余韻の残るバウムクーヘンだ。

ところで、調べてみると、世の中に出回っているバウムクーヘンにも、いろいろ違いがあることがわかった。一般的に広く出回っているのは、バターの代わりに植物性油脂を使い、すべての材料をひとつのボウルの中に投入して混ぜる「オールミックス」製法で作られたバウムクーヘンだ。起泡剤や膨張剤、安定剤など、合成化学添加物の含まれた植物性油脂を使えば、卵と粉を混ぜるだけで、基本的には誰もが失敗せず、同じように短時間でたくさんのバウムクーヘンを作ることが可能だ。けれどこれではどこも一緒。柔らかくてフワフワとした、素材の味のしないバームクーヘンになってしまう。生産性や効率を追求した結果だ。だから結局、持ち味を出すために香料で風味を付けるしかない。

一方、熊倉さんが作りたいのは、あくまでもドイツの伝統的な製法に則った、「別立て」製法による本物のバウムクーヘンだ。ドイツには、バウムクーヘンに関する法律があり、バターを使い、正しい製法で作られたものだけが「バウムクーヘン」として認められるのだという。日本では「バームクーヘン」が多いのかもしれない。

一見同じ物のように見えるのに、バームクーヘンとバウムクーヘンとでは大きな隔たりがある。世の中で大量に出回っているバームクーヘンに較べたら、本物のバウムクーヘンは圧倒的に数が少ない。そして、その手間と時間は、想像を遥かに超えるものだった。

バウムクーヘンができるまでの一日を追った。まずは材料を準備する。卵を割って卵黄と卵白に分けるのだが、一本のバウムクーヘンを作るのに必要な卵は九十個。卵を割るだけで小一時間かかってしまう。卵は農家に直接出向き、平飼いされている鶏が産んだ自然の卵を使用する。国産のくず米や無添加の魚粉などを自家配合した飼料を与えられているのだが、あまり匂いの強い卵は使えないので、熊倉さんはまず卵を小さな器に割り入れ、一つ一つ自分で匂いを嗅いでから、使えないと判断したものは除き、それから卵黄と卵白に分ける。これだけでも大変な手間で、根気のいる作業である。

次に、ローマジパン（アーモンドと砂糖をあらかじめ混ぜておいたドイツに古くからある製菓材料）、タヒチ産のバニラ、ニュージーランドの蜂蜜、国産オーガニックレモンの皮、無添加の生クリームを丁寧にすり混ぜて、元種《もとだね》を作る。

巨大なボウルに、国産の原料で作られた和三盆と甜菜《てんさい》グラニュー糖を入れ、そこにカルピス発酵バターを投入。バターは温度管理が非常に難しく、二十度のプラスマイナス一度の範囲しか許されない。零コンマいくつの世界が敏感なバターに影響し、出来上がりを左右するのだ。そのため工房内の温度も、骨身に沁《し》みるほどの寒さに保たれている。

バターと砂糖を混ぜている間、別のボウルで卵黄を混ぜる。後でバターと混ざるので、この時もこまめに温度を計る。そして、空気を含み白っぽくなったバターに、卵黄を少しずつ投入。更に小麦粉と小麦でんぷん、自然塩を加えて混ぜ、最後にラム酒も加え、ようやくバター生地が完成する。

次にメレンゲを作る。卵白にグラニュー糖を混ぜて泡立てるのだが、「メレンゲは何回失敗したかわからない」ほど奥が深い。メレンゲの泡達にじっと耳を澄まし、音の変化を見逃さないようにするのだそうだ。熊倉さんは、感触や匂い、音など、五感をフルに活用する。

こうして完成したメレンゲを、先のバター生地と、泡を潰さないよう気をつけながら手作業で混ぜていく。この作業による生地と空気の量のバランスが、運命の分かれ道となる。デルベアのバウムクーヘンは、生地の中に含まれる空気の泡によってのみ膨らむからだ。熊倉さんは、熱によって生地を膨らます、ベーキングパウダーすら使わない。

いよいよ焼成。桜の木の芯に生地を薄く塗って焼き、そこにまた生地を重ねて焼いて、これを延々繰り返す。単純なようだが、熟練した技を要する難易度の高い作業である。生地を焼いている二時間から三時間、熊倉さんは一瞬たりともオーブンの前を離れられない。電話にも一切出ず、ただただバウムクーヘンの番人となる。芯に生地を絡め、その間も刻々と変化する生地の状態を確かめながら、大きな空気の泡を丹念に取り除き、火との距離を調節し、

きっちりと定規で厚さを測りながら切り分ける。舌触りをよくするため、
断面をわざとまっすぐにしないのが熊倉さんのこだわり。

焼き色を見極めるのだ。スイッチを押すだけでできるバームクーヘンとは訳が違う。まるで、呼吸するのもはばかられるほどの緊張感だった。

バウムクーヘンで難しいのは、焼いている途中に生地の重さで芯から外れ、本体が下に落ちてしまうことだという。「こんなもんでええかな」と思うと必ず何層目かで落ちてしまうので、どんな些細《ささい》な手間も惜しまずにやる。なるべく太く焼きたいけれど、十八層目くらいになると、一層一層が博打《ばくち》のようで、とても緊張するのだそうだ。こうして焼き上がったバウムクーヘンは、工房で一晩寝かされる。

翌日、切り分けられたバウムクーヘンの表面には、鉛筆で手描きしたように、年輪のような層が幾重にも刻まれていた。こんなに朴訥《ぼくとつ》とした姿のお菓子が、丸一日を要する極度の緊張感の中から生み出されるとは。デルベアのバウムクーヘンは、だいたい二十二層くらい。熊倉さんが自ら培った経験と技、集中力と愛情の賜物《たまもの》である。熊倉さんは言った。

「手間をかけて、自然のものだけで作るのも、効率的で便利なものを使って作るのも、どちらもそれは正義で正しいと思います。ただ、ぼくは、これを入れたら楽になる、という添加物は使いたくない。要するに天《あま》の邪鬼《じゃく》なんですよ」

バウムクーヘンを作ることで、大きな何かと静かに闘っているのだろう。熊倉さんのメッセージが、バウムクーヘンの一層毎に込められている。

江戸時代、宿場町として栄えた中津川。
長旅に疲れた客人をもてなしていたのは、
素朴で甘い、栗のお菓子。
甘い、おいしい、かわいいかわいい。
ぽってりとした黄身色の鞠が、今も昔も
いがいが心を丸めてくれます。

岐阜県中津川市

和菓子店「満天星一休」

子どもの頃、運動会のお弁当は栗ご飯と決まっていた。前日になると、母は良質の栗を求めて市内の八百屋を奔走する。ようやく手に入れた初物の栗を、大きな包丁を器用に使って剝《む》いていた。一晩水に浸してあく抜きをし、翌朝、白米と合わせて炊き上げる。運動会そのものより、お昼に食べられる栗ご飯の方が待ち遠しかった。

大人になってお茶を習い始めてからは、栗きんとんに夢中になった。秋になると近所の和菓子店に並ぶ栗きんとんは、素朴でありながらも洗練された味。秋そのものを味わっているような、贅沢な気分になる。

その、栗きんとん発祥の地があると聞き、二泊三日で栗づくしの旅へ。

私達を迎えてくれたのは、立派な毬《いが》をたわわに実らせた栗の木と、それが落下する瞬間を待つ和菓子職人、そして栗をこよなく愛する町の人達。

ここは、岐阜県・中津川市。中山道の宿場町として栄えた面影は、今も町のあちこちに残されている。鉤《かぎ》型に曲がりくねった旧中山道には、江戸時代から続く造り酒屋や、本陣跡の建物が残され、当時の賑やかな往来を彷彿《ほうふつ》とさせる。

それにしても、和菓子店のなんと多いこと！　駅の周辺を十分歩いただけで、五、六軒はあった。どの店も、威風堂々として趣がある。それもそのはず、人口八万五千人の中津川市内に、栗菓子を扱う店が五十軒近くもあるという。中津川の人達にとって、栗は暮らしの一

かつての面影を残す街並みと調和し、昔懐かしい雰囲気を醸し出す「御菓子処川上屋」。

部分なのだ。

なぜ中津川が栗の里として有名になったのだろう。元治元年（一八六四）よりこの地で和菓子店を営む川上屋の四代目主人、原善一郎さんにお話をうかがう。

もともと、山に囲まれた中津川には、自然の栗の木がたくさんあった。秋になって小さな山栗が実ると、各家庭でそれを収穫し、貴重な山の恵みを焼いたり茹でたりして食していた。やがて、一般家庭にも砂糖が普及すると、山栗を蒸して中身を取り出し、すり鉢で潰して砂糖と合わせるようになる。それを布巾で絞るなどして食べていたのが、栗きんとんの始まり。その後、明治の中頃になってから、それまで家庭でしか作られていなかった栗きんとんを、中津川の菓子屋が商品化した。

そして、大正時代になると、この地方でも栗の栽培が盛んになる。寒暖の差の激しさが、栗の栽培に適していたのだ。大粒の栽培栗ができたことで、栗菓子の生産量も増え、それに合わせて和菓子店も続々誕生。町をあげての栗菓子文化が発達した。

また、中津川は江戸時代から交通の要所であり、旅人が道中の疲れを癒す場所だった。栗料理は、昔から旅人達に振る舞われていた歴史がある。俳諧が盛んになった江戸時代中期以降は、有名な俳人や歌人が数多く訪れた。茶会や歌会に地元特産の栗菓子を出すことで、菓子作りの技も向上したという。こうして、中津川は栗の里として名を知られるようになった。

「この辺は坂が多いでしょう」と、原さん。

確かに、中山道の難所と言われただけあって、徒歩や自転車でどこかを訪問するにも、目的地に着く頃にはヘトヘトになってしまう。だから、訪問先の家では、客人をまずお茶とお菓子でお迎えするのだ。

翌日、中津川の中心地から、山の中腹に広がる栗畑を目指す。ここは、市内に二店舗の和菓子店を営む、満天星一休の所有する栗畑。「満天星」と書いて、「どうだん」と読む。その名付け親であり創業者でもある、名知《なち》正弘さんに畑を案内していただく。

普段目にしている毬の倍もありそうな巨大な毬が、枝をしならせている。よく見ると、毬の割れ目から、すでに栗の実が顔を覗かせていた。栗は、自分でその重さに耐えられなくなると、自然に落下する。朝晩の気温差が激しくなり、トンボが羽を広げ始めると、そろそろ落下の合図だという。

中津川の和菓子店では、新鮮な生栗だけを用いて栗きんとんを作っている。だから、毬が落ちた翌日から、ヨーイドンで栗きんとんの生産がスタートする。栗きんとんは、秋にしか食べられない、季節限定の貴重なお菓子だ。

「今年の栗はいいと思うよ」と、満足そうな表情を浮かべて語る名知さん。現在、この栗畑の番人を務めている。そのせいで大好きな山歩きからは遠ざかってしまったけれど、栗の木を見つめる目は、とっても穏やかだ。

足下に落ちていた栗の実を拾い上げると、その場で鬼皮を剝がし、爪先《つめさき》で渋皮も剝いて口の中へ入れた。パリッというういい音に、思わずハッとする。

「子どもの頃は、今よりもっともっとたくさん栗の木があって、こうやって生で食いよったよ。渋いけど、おいしい」

名知さんの畑には、胞衣《えな》、筑波、丹沢といった種類のものが、百三十本くらい植えられている。たとえ同じ品種でも、育つ場所によって栗の性質は変わってくる。この畑からは、およそ一トンの栗が採れる。けれどこれは、すべて栗おこわの飾り用。粘り気が少ないので、栗きんとんには向かないのだ。

では、栗きんとんに使う栗は？　流通の発達した今は、毎日九州から飛行機でやって来る。今朝落ちた栗を飛行機に載せれば、翌朝には中津川で加工することができる。中津川の菓子店では、ほとんどがこうして全国から良質の栗を取り寄せているのだ。

それにしても、名知さんの栗畑の栗達は、どれもとっても幸せそう。木の根元をこんもり覆っているのは、中身を取り出した後に残った栗の皮だ。長年この処分に困っていたから、皮を再び土に返すことのできるこの栗畑は、一石二鳥。こうして根本に古い皮を置いておくと、光が入らないので雑草が育たない。約五年で元の土に戻るという。

幹の中央部分にも光が入るよう剪定された栗達は、安心しきって、すっかり名知さんに身を預けている様子。剪定の作業がもっとも難しいとのことで、まだ寒い一月、丈夫な枝になりそうなものだけを二十本ほど残して剪定する。

「花が咲いて実がなると、やっぱり面白いに。お菓子もそうだけど、自分で手がけたものは、何でもかわいいよ」

名知さんとの会話の中には、何度もこの「かわいい」という表現が登場した。確かに、ここにいると栗の木への愛しさが込み上げてくる。けれど、台風が来てしまうと、一年かけて育ててきたものが、すべてダメになってしまう。それが、名知さんにとって一番悲しいこと。だから、どうか自然の神様、穏やかに見守っていてください。栗畑からの帰り道、そんなことを祈っていた。

翌日の朝八時半。店の開店と同時に工場も動き出す。朝日の差し込む仕事場は、整然として美しく輝いている。ステンレスの台に広げられているのは、栗きんとんの生地。大釜で炊き上げたものを、扇風機の風に当てて冷ましているのだ。ピーク時には、この作業を朝五時から開始する。

時期としてはまだちょっと早い栗きんとんの製造過程を特別に見せてくれたのは、昭和五年創業の和菓子店、恵那福堂の四代目、安藤貞美さん。創業者、西尾多ねさんの心を引き継ぐ、女性の経営者だ。

栗きんとんは本当にシンプルなお菓子で、どの店でも製法はほとんど変わらない。最初に栗を蒸したら、半分に割って中身を取り出す。これを裏ごしして砂糖を加え、鍋に入れて水分を飛ばす。砂糖はグラニュー糖で、その割合もほぼ四〇％。ただし、その時々の栗の状態に合わせて、微妙な甘さの調節をする。

それでも、店によって味が違うというのだから、栗きんとんの、なんと奥深いこと。地元の人達には、それぞれ自分の好みの栗きんとんがあるらしい。

目の前に広げられた栗きんとんから、ほんわりと栗の香りが漂ってくる。失礼して、ちょっと味見。おいしい！　体中に、じんわりと優しい栗の味が広がっていく。これもおいしいの、と貞美さんが持ってきてくれたのは、炊いた時に鍋肌に残った、その名も「きんとんおこげ」。冷めるとパリッとしたお煎餅のようになって、従業員だけがこの幸せに与《あずか》るのはもったいないと、去年から、お客様にもプレゼントすることにした。癖になる味で、ついつい手が伸びてしまう。

きんとんの生地がほどよく冷めたら、いよいよ茶巾絞り。白い作業着に三角巾を被った女性陣が、まっさらな茶巾を手に黙々と作業を進めていく。

その表情は、穏やかで慈悲深い。まるで、観音様のよう。絞りながら何を考えているのですか？　と質問すると、貞美さんは「無心」と答えた。左右の手を器用に動かしながら、次々と茶巾絞りを作っていく。

　栗が、もう一度「栗」になって生まれ変わる。料理とは、形を変えることでもあるのだと、作業する四人の手を見ていて、しみじみ思った。

　よく観察すると、皆さんそれぞれ少しずつ形が違う。量は同じはずなのに、絞り方の違いで大きく見えたり、小さく見えたり。なんとなくだけれど、その人の姿形や面影に似ている。慣れてくると、形を見ただけで、誰が作ったかだいたいわかるという。

　貞美さんの生み出す栗きんとんは、形が整ってきれいだった。きゅっと先の尖った栗きんとんを見ていると、なんとも微笑《ほほえ》ましい気持ちになって、可笑《おか》しさが込み上げてくる。こうしてひとりひとりの手のひらから、思いが込められ、栗きんとんは誕生する。

「やっぱり、この形になって初めて、栗きんとんの味になるんですよね」

　絞り作業終了後、お茶をいただきながら、貞美さんが優しい笑顔で話してくれた。たった今できたばかりの栗きんとんは、ほくっとして、口の中でさらりと溶ける。栗の畑を見た後だから、余計にそこに関わる人々の姿や愛情を身近に感じて、胸が詰まる。

　今頃中津川は、栗の最盛期。最後の毬が落下するまで、あともう少しだ。

日焼けした、真っ黒笑顔が眩しい、
女店主のナナ子さん。
自慢の料理は、素朴でワイルド
西表の自然の味。一口食べて耳を澄ませば、
森の動物達の息づかいと海の潮騒……
に混じって、台所から
ナナ子さんの鼻歌が聞こえてきます。

沖縄県西表島

食堂はてるま

石垣島の離島桟橋から船に乗ること約一時間。西表島が見えてきた。小高い山を集めてくっつけたような、いびつな形をしている。平坦な島が多い八重山諸島にあって、西表は独特なシルエットだ。びっしりと山を覆うのは照葉樹で、島の大部分が亜熱帯林、要するにジャングルである。豊かな緑がたっぷりと水を貯え、川を造り、海へと注ぐ。まずは、島を代表する川の一つ、浦内《うらうち》川へ。

川の両脇には、見渡す限りマングローブの森が広がる。マングローブには、オヒルギ、メヒルギ、ヤエヤマヒルギなど数種類の木があり、いずれも胎生種子という、細長い形の種を水の中に落とすことで子孫を増やす。胎生種子は親の木に付いている時からすでに発芽しているので、水辺という特殊な環境でも根を張りやすいのだ。干潮時に潮が引くと、根元が現れる。皆、独特な姿で、木に化身した思慮深い何者かのようだ。

軍艦岩と呼ばれる船着き場まではボートで行き、そこからは歩いて森の奥へ。

見上げると、太古の昔からあるような木々が鬱蒼《うっそう》と茂っている。ひょろりと高い幹の先に、レースで作ったパラソルのような葉を広げるのはヒカゲヘゴだ。胞子で増えるシダ植物だが、サイズが大きく、くるくると先端を丸めたゼンマイ状の新芽でも一メートルくらいある。何もかもというわけではないけれど、この森の植物は普段目にしている植物たちと較べると、桁はずれに大きい。だから、森の奥へ一歩足を進めるごとに、まるで自分の体が小さく縮んでいくように錯覚する。今にも草の茂みから恐竜がわっと飛び出してきそうだ。

それにしても、なんて空気がおいしいのだろう。都会で吸う空気よりも、濃密な気がする。気体の中に、動物の荒々しい息づかいや、官能的な植物の匂い、爽やかな水や花の香りなどがスパイスのように入り混じっている。歩いていると所々に滝が落ち、ふわりと涼しい風に包まれる。立ち止まっては、何度も何度も深呼吸した。

この、西表の豊かな自然の恵みを使ってご馳走を作る名手が、吉本ナナ子さんだ。「はてるま」という食堂の料理人である。お客の予約が入ると、自ら海に出て魚を捕まえ、イザリ漁で貝を拾う。野菜も自ら育てている。だから、天気が悪くて海が荒れる時は、予約を取らない。噂を聞き、数年来ずっとお会いしたかった方である。

さっそく、ナナ子さんとイザリ漁へ。イザリ漁とは、満月と新月付近の大潮の頃、干潮時の深夜に行う潮干狩りである。イザリというのは、いさり火のこと。今ではヘッドランプを使うが、昔は松明《たいまつ》を灯し、それを背負って漁をしていたそうだ。海に夢中だと公言するナナ子さん、完璧なイザラーファッションで登場する。

上空には、クラゲのような形をした月がぽっかり。今夜は、マイナス五センチの大潮だ。真っ暗な中、長靴を履き、ちゃぷちゃぷと足音を響かせながら沖の方まで歩いて行く。サンゴ礁の水たまりに、色とりどりのナマコやヤドカリ、ハリセンボンやヒトデがいる。中には猛毒を持つハブ貝（アンボイナ）やイラブー（エラブウミヘビ）もおり、天然の水族館だ。美しい魚や貝を見つけるたびに心が浮き立つ。けれど、それもつかの間、「ウムズナがいるよー」と言うナナ子さんの弾んだ声で、イザリ漁の開始となった。

ウムズナとは、土地の言葉でイイダコのことだ。魚介類にしろ動植物にしろ、島毎に独特の呼び名がある。

豊漁だったのは、ナナ子さんがティラザと呼ぶ、マガキ貝。内側が濃いオレンジ色のしっかりとした頑丈な殻の貝で、ある場所に行くと畑で収穫するようにたくさん捕れる。明かりを照らし、目を凝らしながら貝を探していると、どんどん無心になっていく。

一番の大捕り物は、シマダコだった。イザラー歴十年近いナナ子さんも、今までシマダコが捕れたのは一度だけ。否が応でも興奮が高まる。モリを持ってきていなかったことを悔やみつつ、持っていたイイダコ用の短い針金でタコと格闘。タコは、内部が複雑に入り組んだサンゴの下に潜り込んでいる。ナナ子さんが針金を伸ばせば、タコも何本もの足を絡め、途中墨を吐いて必死に抵抗。ナナ子さんが勝つか、タコが勝つか、まるで一対一の綱引きだった。それでも最後はナナ子さんに軍配が上がり、人生二度目のシマダコ捕りに成功した。ナナ子さん、ご満悦である。

山も川もないうえに海藻や貝もあまり豊富ではなかった波照間島で育ったナナ子さんにと

って、西表は一度は住みたかった憧れの土地だという。実際島に来てみて、豊かな海の幸にびっくりしたそうだ。ナナ子さん曰く、西表は沖縄で一番食材が豊富な島。

その言葉通り、ナナ子さんの作る料理には、島の恵みが盛りだくさんだ。たとえば、目にも鮮やかなサヨリの南蛮漬け。これは、ナナ子さんがどうやったら長命草をたくさん食べられるかと考え、辿り着いた一品である。長命草は、沖縄を歩いていればどこにでも自生している雑草で、島の人たちはこの草を本当によく料理に使う。サヨリももちろん、ナナ子さんが釣ってきたもの。ウミンチュから漁のお誘いがあれば、いさんで出かける。売り物のいい魚は石垣島などに行ってしまうので、自分で釣った方が納得のいく食材を手にすることができるのだ。

酸味も甘味も絶妙なサヨリの南蛮漬けを、糸のように細く刻んだ長命草でたっぷりと包んで食べる。サヨリが香ばしく、長命草の独特な柔らかい風味ととてもよく合う。これは、長命草がメインの料理。

そして添えられている真っ赤なトマトは、通称「ナナ子トマト」。ナナ子さんが西表に来るまでは、今ほど食べられてはいなかった島のトマトだ。島の風土に合っているので、病気や虫に強く、自然にどんどん増えていく。

ナナ子さんは、このトマト同様に、毎年毎年、種や苗を買って植えるのではなく、畑の野菜の種をそのまま再び土に零し、それを自然に循環させている。もちろん最低限の手入れはしているのだろうが、野菜たちは皆のびのびと育ち、畑はまるでジャングル状態だった。

食堂で出た種も畑に持ってきて植えておくし、調理の際に出た生ゴミも、畑の土の上にカゴを被せて置いておく。イザリ漁で拾ってきた貝も、中身をいただいたら貝殻を河口に戻す。そうすれば、今度はその貝をヤドカリが使う。人間の手によって自然の巡りが止められるのではなく、人の手を介しながらも、自然はゆるやかに流れていく。

料理にはその人の生き様が表れるように思うが、ナナ子さんの料理はナナ子さんそのもので、喜怒哀楽、人生のすべてが込められている気がした。強くて、優しい、とても大らかな味だ。

料理をしている時の、ナナ子さんの後ろ姿がステキだった。決して広くはないキッチンで、カレンダーをくるっと巻いて作った即席ランプシェードの明かりの下、たまに鼻歌をうたいながら、てきぱきと楽しそうに料理を作っていく。料理をすることで人と繋がり、西表の森や川や海と繋がり、地球と手を結びながら朗らかに生きている。地元の若い人たちの集まりにはパスタを出したり、お年寄りが集まる時は、島にいながらにして外食の気分が味わえるよう、島の食材で一風変わった料理を作る。

ナナ子さんの頭の中は、常に料理のことでいっぱいなのだ。食べ物がどうやったらよりおいしく成仏するか、そればっかり考えている。その姿はまるで、『食堂かたつむり』の主人公・倫子のようだ。けれど、あっちは架空のお話だが、「はてるま」のナナ子さんは実際の料理人だ。大変なこともたくさんあるだろうに、それもすべてふわりと懐に抱いて、おいしい料理に昇華させる。

島に滞在中、何度も雨に遭遇した。けれど、それが西表の森を豊かにする。ここには人が生きていくのに必要な、水と空気と太陽がたっぷりある。

靴を脱ぎ、裸足になってそっと触れた大地は思いのほか温かかった。木の幹に、両手を広げぎゅっと抱きつくと、頭を優しく撫でられるように柔らかい風が吹いてくる。本当はあるがままの姿で生きればいいのだと、西表の人や生き物たちが教えてくれた旅だった。

一期一会。
そんな言葉を噛みしめてお会いしたのは、
事故で不自由になった体で丹念に作った
精進料理でもてなしてくださる、ひとりの女性。
「心いっぱいのご飯で、訪れる人をお腹いっぱいに」
湯気が立ち籠めるお勝手で、
茹で上がったホクホクのお野菜と、つやつや肌の尼さんが、
今日の出会いを待ちわびています。

滋賀県大津市

月心寺

京都と滋賀の県境にある月心寺《げっしんじ》という禅寺で、村瀬明道尼《みょうどうに》という大正生まれの尼さんが、精進料理を振る舞ってくれるという。中でもその胡麻豆腐が、天下一品なのだとか。尼さんは皆から庵主様《あんじゅ》と呼ばれ慕われており、八十五歳になられた今でも現役で厨房に立ち、野球のバットをすりこ木《ぎ》にして午前一時から胡麻をするらしい。

そんな断片的な情報を耳にして以来、私は庵主様の作る精進料理を食べたい、できれば料理を作る姿を拝見したいと思うようになった。そして、庵主様の書かれた著書の中で、「料理と心中するほどの愛情を持って」という一節に触れてからというもの、一目でいい、庵主様にお会いしたいと強く願うようになっていた。

待ちに待ったその日は、生憎《あいにく》の冷たい雨。まだ夜も明けない午前四時、月心寺に到着する。庵主様は、やはり午前一時から厨房に入り、準備を始めているとのこと。すでに外にまで、料理の香りが流れている。玄関先には、美しく菊の花が活けられていた。その脇には、名水「走井《はしりい》」の井戸。緊張が高まる中お邪魔すると、朝ご飯の用意がしてありますとのことで、さっそく厨房へと案内される。

日本一の精進料理を作る名手として、ドラマ『ほんまもん』のモデルにもなり、一躍有名になった庵主様。とにかく男勝りで、気性が激しいと、さんざん噂を聞かされていた。けれど実際にお目にかかった庵主様は大層美しく、一瞬、ぼんやりと見とれてしまうほどだった。

肌が白く、鼻筋がスーッと通り、私にはとても女性的なお顔に映り、どこか色っぽくさえ思えた。これでは、若い頃に一緒に座禅を組んでいた男僧達をそわそわさせていたという逸話も頷ける。

それでも、初対面の感激を味わっているのも束の間、「女の子だ、おつゆ、上手につぎや。きれいに入れるより、早い方がいい」ドスのきいたしわがれた大声で言われ、我に返った。大慌てで人数分のお椀に味噌汁をよそい、茶碗にご飯をよそう。そして、「あなた達が来るから、一升炊いて待っとった」と、今度は少し柔らかい声で続ける。それから全員席につき、箸袋に書いてある「食事訓」を読み上げた。食べ物との出会いもまた、一期一会のもの。出会いに感謝していただく。

用意してくださった味噌汁は、骨にまで染み入るおいしさだった。まったりとした白味噌が、冷えた体を温めてくれる。具は、柔らかな絹ごし豆腐とお揚げ、大根。炊き立ての白米がどんどん進む。私の隣に座った庵主様は、料理はすべて、「君がため」であることが大事だと教えてくださる。だから味噌汁も、来る人の顔を見て、それから味噌を溶くのが一番おいしくなるのだと。

午前四時四十分、本格的な調理作業開始。厨房には、ガス焜炉《こんろ》三口と練炭焜炉五口が用意され、計八つの鍋がそれぞれ微妙な火加減で次々と調理される。庵主様は、厨房の一角に置かれた椅子に腰掛け、そこから様々な指示を飛ばす。さながら、野球の鬼監督。一切の無駄もなく的確に指令を発するその姿は、圧巻だった。まるで体の四方八方に目があるような集中力で、数ある鍋の中身の状態をすべて把握し、一瞬のミスも見逃さない。それ故、庵主様の手となり足となって働くお手伝いの方総勢八名は奔走される。間違った行動を起こした時は、気性を荒らげ、容赦なく怒声が飛んでくる。けれどそれもすべて、お客様に喜んで食べていただきたいがため。

それにしても、調理する具材のなんと多いこと。本日用意するのは、三十九名分。料理で難しいのは、多くの人に同じようにきめ細やかに心を込めて作ることだと思うのだが、庵主様は見事にそのハードルをクリアされているようだった。お手伝いの方が手に持った調味料を、目分量で微妙に加減する。味付けはすべて、一発勝負。竹を割ったような庵主様の性格が見え隠れする。

思えば、すでに約半世紀、月心寺のこの厨房を守っていらっしゃる。交通事故に遭われたのが、三十九歳の時だった。瀕死の状態から奇跡的に生還し、数ヶ月の入院を経てようやく月心寺に戻ってきた。一命はとりとめたものの、右半身の自由を完全に奪われてしまう。それでも、なんとか自立しようと、口にマッチ箱をくわえ自分でマッチをすってガス焜炉に火を点けた。それができるようになるまでに三日かかったという。その時の嬉しかったことと

左上もみじ麩、右上百合根、左下山芋、右下オクラ。山からの湧き水を使い、時間をかけて火を通すことで、素材本来の旨みや甘みが引き出される。午前一時に起床するのも、素材の一つ一つを、おいしく「成仏」させんがため。精進料理は、材料のすべてが畑の土に育ったもの。とても平和で、希望のある食事法だと思った。

左上吹き寄せ、右上胡麻和え、左下昆布、右下蕪・林檎・春菊の白和え。胡麻和えには、細かく刻んだ7種類の菜っ葉が混ざる。口に入れるとそれらがふわりと広がって、口の中が野原になるようだった。

いったらなかったと、今でも庵主様はにこやかにおっしゃる。そしてその時、私にはまだ左手がある、と気づいたというのだ。何事も、なせば成るのだと庵主様は続けた。焜炉に火が点けられれば、やかんに水を溜めてお湯を沸かすこともできる。それができれば、左手一本でも料理が作れる。月心寺での精進料理が注目されるようになったのは、庵主様が事故に遭われてから。きっと料理の端々に、庵主様の生きることへの強い意志とメッセージが込められ、食べる人の心を揺さぶるのだろう。

厨房には至る所から幸福な湯気が立ち上り、私はふと桃源郷にいるような気持ちになった。料理が生まれる現場にいると、なぜだかホッとして、安らかな気持ちに包まれる。それでも、恍惚とした気分を味わっているのも束の間、庵主様が介添えを受けながら苦しそうに立ち上がり、鍋をかき回す姿で現実に戻った。

胡麻豆腐を作り始めたのだ。コンコンコンコンとリズムをつけて、鍋底を木べらで擦《こす》っている。どんなに体が不自由になっても、胡麻豆腐は自分でお作りになるとのこと。本当は胡麻をする様子から見せていただきたかったのだが、本当に大切なことは人目にさらさず、ひとりで集中なさりたいらしい。やがて鍋の中身は全体がもったりと重たくなり、乳白色になってきた。木べらで一混ぜするのでも、相当重くてしんどいはずだ。ようやく夜が明けたらしい。上空がうっすらと白み始めた。

午前七時、茶礼《されい》。仕事を中断し、全員で炊き立ての松茸《まつたけ》ご飯をいただく。総勢十三名。寒い厨房にあって、温かな湯気が何よりのご馳走だった。松茸ご飯の馥郁《ふくいく》とした香りに、一瞬、目まいがしそうになる。茶礼が済むと、すぐに各自仕事場へ。準備の目処《めど》がついたのか、庵主様は午前七時半に一度床に入られた。午前一時から、六時間以上も働き通しである。

折しも、紅葉真っ盛り。月心寺には、室町期の相阿弥の作とされる美しい庭がある。急な山の斜面に小さな石を積み上げたような密やかな庭で、そこには山の湧き水が、小さな滝となって落ち続ける。樹齢六百年とも言われる椿や楓《かえで》が、遥かな高みから静かに人の営みを見守っていた。石灯籠には点々と蠟燭《ろうそく》の明かりが灯され、地面には緋毛氈《ひもうせん》を広げたように色鮮やかな葉っぱ。床の間には立派なお軸が掛けられ、室内には仄《ほの》かにお香も炷かれている。

午前十一時、いよいよ庵主様の精進料理をいただく時が来た。まずは、お向こうの胡麻豆腐。庵主様が、三時間もかけて作られた力作だ。わさび醬油をつけていただく。胡麻を煎らずにすっているので、庵主様のお肌のように真っ白だった。それが、舌の上で泡雪のようにさらりと溶ける。胡麻の香りが、風のように過ぎていく。その後、松茸ご飯、白味噌のお味噌汁と続く。そして、この時期にしかいただけない、名物の吹き寄せ。大きな鉢に、本当に紅葉葉がふわりと風に飛ばされたような風情で運ばれてくる。吹き寄せだけはどうしても最初からご自分で準備しないと気が済まないそうで、材料をすべて、庵主様おひとりで六時間もかけご用意くださった。右手が不自由なため、左手に包丁を握り、まずは材料を同じ長さに切った後、それを縦に切って倒して横にしてと、丁寧に切り揃えていく。お付きの方が、見ていると涙が出てくるんですとおっしゃったが、その言葉に、私も涙が出そうになる。吹き寄せには、牛蒡《ごぼう》、人参《にんじん》、蓮根、百合根、椎茸、栗、銀杏《ぎんなん》、粟麩《あわぶ》が入っているが、その材料のすべてに庵主様自らが包丁を入れてくださっていることを思うと、料理とは一にも二にも愛情で、相手を想う心がなかったら決して作れないものだと感じた。

一体、どれだけの料理が供されたのだろう。一品一品、立派な器によそわれ、まるで庵主様の赤ん坊のように大切に運ばれてくる。ふと、料理というのは作った人の分身なんだな、と気がついた。愛する人に料理を食べてもらいたい、自分の手をかけ心をかけて作られたものが、愛する人の体の一部となり、命を支えてほしい。その強く切ない想いが、料理を作る原動力になる。

かつて、庵主様にも恋人がいらした。尼僧でありながら、異性に惹かれてしまったのである。仏の世界では許されないこと。けれど、本気で人を愛したことのある庵主様だからこそ、こんなにも情の深い料理が作れるのかもしれない。

庵主様は、生きていることは奇跡だとおっしゃる。父と母が出会い、愛し合い、体を重ね、精子と卵子が結びつき、そして「自分」という存在がこの世に誕生したことそのものが。その体が死ぬまで息をしているということが。

　当たり前のことを、当たり前と思ってはいけない。そして誰かに料理を作るとは、その人の尊い命につかえることだ。生きるとは、悲しいことがあっても嬉しいことがあっても、日日、同じようにご飯を食べて呼吸することなのだから。

　食後、広間で庵主様の法話をうかがい、午後二時、終了。本日のお客様と記念撮影などをされた後、お付きの人に体を支えられ、杖を頼りにようやく立ち上がった庵主様。そして一言、「一緒に、おうどん、食べてくか?」

「いただきます!」と答えた瞬間の、庵主様の輝くような笑顔が忘れられない。おなかはいっぱいだったはずなのに、温かいうどんは、別腹のようにすーっと体におさまった。

　こうして、夢のような一日が終わる。けれど、私にとって特別な一日も、庵主様にとっては日々の営み。明日も明後日も、また同じように厨房では料理が作られるのだ。

　料理とは、食べる人の幸せを願う祈りであり、愛情表現の究極の形ではないだろうか。人は、愛するが故に料理を作る。これこそが、数ある生き物の中から、人間として生を受けた、特権みたいなもの。愛情のある料理が増えれば、人はもっともっと幸せになれる。庵主様の心の込もった精進料理をいただきながら、私はますますその思いを強くした。

種を植えたら、芽が出て、
木になる、実がなる。
そんな、当たり前だと思うことが、
本当は一番難しい。
九年間。大量の農薬の代わりに、
愛情をいっぱいもらった奇跡のリンゴ。
奇跡が当たり前になる日まで、
木村さんの挑戦は続きます。

青森県弘前市

木村さんのリンゴ畑

青森県弘前市。雄大な岩木山の麓《ふもと》に、木村秋則さんのリンゴ畑はある。畑というよりは野原という印象で、そこにはリンゴの木だけでなく、ありとあらゆる微生物が肩を寄せ合って暮らしている。木村さんは、不可能とされていたリンゴの無農薬・無肥料栽培に果敢にチャレンジし、見事成功した希有《けう》な人だ。それがいかにすごいかは、ぜひ『奇跡のリンゴ』を読んでいただきたい。そこには、三十年にもわたる木村さんの壮絶な挑戦の軌跡が綴られている。答えのない暗闇を彷徨《さまよ》っていた時、木村さんは絶望のあまり自ら命を絶とうとまでしたのだ。まさに、命をかけた挑戦だった。

本がベストセラーとなったこともあり、木村さんは今、時の人だ。農業に興味のある人達はもちろん、木村さんの生き方そのものに励まされた人、はたまた超常現象を追っている人達まで、木村さんに会うために遠方から時にはいきなりやって来る。取材にうかがったのは九月のシルバーウィーク最終日だったが、その期間中も、一日に百人くらいが木村さんの畑を訪れていた。「ほら、高速道路、千円になったからさ」と木村さん。けれどそのせいで、せっかく草が根を張り耕してくれたフカフカの土が、人の重さで硬くなり、畑にはそこだけ道ができていた。

前の年は六千人が訪れたという。その中には、大学教授や政治家、官僚、宗教家なども含まれる。だが六千人分の体重は、すさまじい重さとなって畑の土に圧力をかける。土が硬く

なってしまったところには、オオバコが生えていた。柔らかい土壌の所には生えない草だとか。世間では雑草と言われている植物も、木村さんの畑では、こうして硬くなった土を耕すという大事な役割が与えられ、堂々と根を伸ばしている。

今年のリンゴの出来を尋ねると、「ダメ、失敗しちゃったの」とあっさり。今や国内だけでなく海外にまで引っ張りだこの木村さん、今年は畑にいられる時間が極端に短かった。本来、年に八回程度行うはずの食酢の散布が四回しかできず、今年の天候不良のせいもあるのだが、リンゴの命とも言うべき葉っぱがもう落ち始めてしまっているのだという。

「農家の人に栽培技術を教えているというのに、手本となるべき私が出歩いて失敗しているようじゃ情けないですよ。だから来年は、もっともっとリンゴのそばにいるようにするの。リンゴに随分悪いことをしてしまいました。申し訳ない」

この言葉からもわかるように、木村さんはリンゴの木が大好きだ。そして多分、リンゴの木も木村さんが大好きだ。自分をリンゴの木に置き換えたら、農薬を撒かれたり肥料で無理に実をつけさせられたりするより、自然のままに心地よく葉を茂らせ、根を伸ばせる方が嬉しいに決まっている。木村さんは、常にリンゴの気持ちになって物事を考え、判断する。

今では、かなり正確にリンゴの言葉を理解できるようになった。けれど、木村さんとリンゴが相思相愛の関係に至るまでは、長い年月がかかった。特に、無農薬栽培を始めてリンゴにやっと花が咲くまでの九年間は、想像を絶する苦労だった。無収入となった家族七人は、貧乏のどん底に突き落とされ、時には食料に困って道ばたの草にまで手を伸ばしたという。それでも木村さんは言う。

「人間てさ、お金なくなると工夫するもんだよ。足りない、足りない、工夫が足りないって、思うのさ。戦後間もない時に生まれた人間だからさ。私、つくづく金持ちは大変だなぁって思うんですよ」

今でこそ、リンゴに話しかけたり、独特な工夫をする木村さんだが、当初は徹底した効率人間だった。リンゴ農家の次男として生まれたが、実情を知っているだけに農業などという効率が悪くて儲からない仕事はやりたくないと考えていた。話をうかがっていると、木村さんは時代の流れをものすごく先取りしているのだ。弘前で二人乗りのスポーツカーを乗り回していたのも、パソコンに触れたのも今から何十年も前のこと。そしてパソコンに関して言えば、木村さんはパソコンのすごさを認めつつも、これはすべて過去の情報を処理することしかできない、けれどいつか人間はこの機械に使われるようになるだろう、と予見していたというから驚かされる。それはまさに、私達の今の姿だ。

それが一変、農業の道に進んだのは、妻の美千子さんと結婚したから。お見合い結婚で、木村さんは美千子さんの家の婿養子となった。美千子さんの家が農家だったことで、木村さんは百姓の道に。効率人間だった木村さんは、海外から大型のトラクターを輸入し、農薬も使い、大規模農業に取り組んだ。それが、当時の木村さんにとって格好いいことだった。

ところが、美千子さんは農薬を浴びるとすぐに体調を壊してしまう。「あんなに弱いって知ってたら一緒にならなかったんだけどさ、ハハハハハ」と笑って話すけれど、木村さんは口にこそ出さないが、美千子さんのことが大好きだ。多分、リンゴの木と同じくらいに。それで、なんとか農薬を使わずにリンゴを栽培できないだろうか、と考えるようになる。だから、もしも美千子さんが農薬に負けない体だったら、いまだにこの世の中に奇跡のリンゴは誕生していなかったかもしれないのだ。

ところで、木村さんはリンゴの木に声を出して話しかける。優しい言葉をかけてあげると、リンゴの木も喜ぶからだ。それは、無農薬栽培に取り組む過程で、リンゴの木が枯れそうになったのがきっかけだった。「花も実もつけないでいいから、どうか枯れないで。お願いだから、がんばって」そう、心からリンゴに言って回ったという。けれど、道路沿いや隣の畑の近くの木には、さすがの木村さんも恥ずかしくて声をかけることができなかった。すると、六百本あったリンゴの木のうち、声をかけなかった八十二本だけが、すっかり枯れてしまったのである。

だから木村さんは、その時のことを教訓に、まるで愛しい誰かを慈しむように、本当に心から話しかける。言葉という愛情のシャワーのようだった。そして、こうも言ってくれた。

「今日、あなた達がリンゴの木に会いに来てくれたから、リンゴも喜んで、甘くておいしい実になってくれる」と。

私は、木村さんにこれからの夢を聞いてみたかった。けれど「夢」という響きに木村さんは一瞬口を噤《つぐ》み、「夢はあるよ、でも、大きすぎてさ……」と言葉を詰まらせた。

そして、続けてこう言った。

「次の世代に、きれいな地球を残したいの。地球が汚れてきているから、そのうち人間なんていらないよ、って言われるかもしれない。農薬を減らしてきれいな水を戻してやることが、農業に与えられた義務だと思うの、権利ばっかり主張するんじゃなくてね。地球にお世話になっているんだから」

木村さんはもうすぐ、あるすごい人に招かれ韓国に行く。韓国では、日本以上に木村さんの自然栽培に興味を持ち、実践しているという。その時、美千子さんも一緒に行くそうだ。ふたりで旅行することなど、今までなかった。美千子さんはそのために、生まれて初めてパスポートを取得した。

取材の最後に、美千子さんにも畑に来てもらい、紅《あか》く色づいたリンゴの木の下で、木村さんと美千子さんが並び記念撮影をした。苦労を共にしてきたふたりは、まるで双子のようにそっくりだった。

人間がこのまま地球に居座っておかわりを続けたら、きっと地球の堪忍袋の緒も切れてしまうに違いない。その前になんとかしようと、木村さんは必死なのだ。生きとし生けるものが幸せでありますようにと祈りながら、丁寧にリンゴ達に声をかける木村さんは、まるで妖精のようだと思った。歯の抜けた顔で津軽弁を喋る、ちょっと風変わりな妖精だけど。

羊を一頭、血の一滴も残さず「いただきます」。
命に向き合い、命をいただく遊牧民の生活に惹かれ
訪れたのは、寒さ厳しい春のモンゴル。
遊牧民のゲルで、ホームステイを初体験。
人懐っこいお父さんが大黒柱のハヤナーさん家からは
今日も、あったかい煙と笑い声が立ち上ります。

モンゴル

ハヤナーさん家

モンゴルには、家畜達と共に移動を繰り返しながら生きる遊牧民と呼ばれる人達がいる。家畜達は、生きていくための食料だ。己の生きる糧を自ら育て、その命を己の手で終わらせる。そして、食べる。その、シンプルだけれども想像しづらい現実を、どうしてもこの目で見てみたいと思った。

喧噪のウランバートルから車で走ること二時間。道中、いくつもの動物の死体に出会う。今年の冬は一段と厳しかったらしい。冬を越せなかった生き物達の亡骸《なきがら》が、雪原に無造作に転がっている。時間が経《た》ったそれらは鳥などに食べられ、あばら骨が剝き出しだ。でも、不思議と悲愴感はない。逆にあっぱれという気持ちになり、こんなふうに最期を迎えられたら爽快だろうと、羨ましくさえなってくる。

起伏の激しい道なき道を突き進み、ようやくホームステイ先に到着した。出迎えてくれたのは、お父さんのハヤナーさん、お母さんのナラさん、ふたりの孫で小学二年生のデルテン君。デルテン君はハヤナーさん夫妻の長女の息子で、普段は親元を離れ小学校の寄宿舎で暮らしている。今は学校が休みで、祖父母が飼っている家畜の面倒を見るため、手伝いに来ているとのこと。同じような顔をしているのにまるで言葉が通じない私を、デルテン君が興味深そうに見つめていた。

ハヤナーさん夫妻が暮らすのは、ゲルと呼ばれる建物だ。半径三メートルほどのマイホー

ムである。遊牧民は、このゲルと家畜と共に、数年先の草の様子まで見極めながら、季節毎に年四回から六回ほど移動を繰り返し生活する。モンゴルの人口二百七十万人のうち、およそ百万人が遊牧民だ。

さっそくゲルの中にお邪魔する。外はマイナス二十度の凍てつく寒さでも、ゲルの中に一歩入れば暖かかった。中央にストーブが置かれている。ゲルは外からは小さく見えるが、中に入ると意外と広い。ドアを背にして右側に台所とお母さんのベッド、正面に仏壇やタンス、左側にお父さんのベッドなどが配置されている。これはどのゲルも一緒。きちんと整理整頓がなされ、いつでも移動できるよう荷物がコンパクトにまとめられている。

天窓があるせいで、部屋の中は明るかった。晴れていれば日中ずっと光が差し込む。ゲルは必ず真南にドアを向けて作られるから、差し込む光が日時計となり、時刻を知ることもできる。

遠方からやって来た私達を、スーテイツァイでもてなしてくれた。スーテイツァイは、モンゴル人の食生活にとって切っても切れないほど大事なお茶で、薄い塩味のミルクティだ。一緒に、ボールツォグという肉の油で揚げたお菓子も出してくれる。甘くなく、素朴な味がする。

私達がお茶を飲んでいる傍らで、お母さんが仔羊達にミルクを飲ませ始めた。ゲルの一角に柵が設けられ、生まれたばかりの羊の赤ちゃんが飼われているのだ。通常ゲルの中で飼うことはしないのだが、今年はあまりに寒いので仔羊が生まれるとすぐ、ゲルの中に避難させているのだという。ペットボトルを改造した哺乳瓶に、温めた牛乳を入れ、一頭一頭抱きかかえては、人間の赤ちゃんにするのと同じようにミルクを与える。

ハヤナーさんは、羊と山羊《やぎ》を合わせて三百頭くらいと、牛を飼っているのだが、今年は寒くて家畜の食べる草が少なく、わざわざ餌を現金で買って与えなくてはいけなかったという。餌も高騰したので買える量にも限界があるから、お父さんは、寒さに強い羊よりも、寒さに弱い牛と山羊を優先したそうだ。けれどそれが裏目に出てしまい、あまりに寒さが厳しいため、羊が衰弱してしまったのである。体力のない母親は子供を産んでもお乳をあげることができないため、仕方なく牛乳で間に合わせている。

遊牧民にはたくさんの素晴らしい能力があると言われている。自然に関わる知恵が豊富だが、とりわけ生き物に関する洞察力に優れている。どんなに遠くからでも自分の家の家畜は見分けることができるというし、どの母羊がどの仔羊を産んだかという親子関係もすべて正確に把握している。まだ幼いデルテン君も立派な遊牧民で、母羊のお乳が出そうな時は、その仔羊をゲルの柵の中から選んで外に連れ出し、母親の乳首にあてがっていた。

やがて陽が沈むと、天空には無数の星々。外が暗くなってから、ゲルにはようやく一つ、裸電球が灯された。電源は、日中ゲルの壁にかけたソーラーパネルから生み出された太陽光発電。電気が必要なのは、夜間の明かりと携帯電話の充電だけ。それだけで、生きていけるのだ。

魁皇と琴欧洲が好きな明るい性格のお父さんがウォッカをあおるその横で、お母さんが着々と晩ご飯の支度を始める。ベッドにまな板を置き、小麦粉から作った皮を手際よく伸ばす。作っているのはボーズと呼ばれる餃子である。モンゴルを代表する料理で、モンゴル人はこのボーズを本当によく食べる。ウランバートルでもファストフードと言えばこのボーズ。この日は肉や野菜で作った中身を包み、水餃子にする。揚げるか蒸すか茹でるかによって、皮の厚さを変えるそうだ。

私はてっきり、遊牧民だから羊の肉を食すのかと思っていた。けれど、基本的に羊を解体して食べるのは、夏の間だけ。たくさん草を食べさせ、丸々と太っておいしくなったところを食べる。冬は痩《や》せているしおいしくないのだ。本当は羊の解体を見せていただきたかったのだが、一頭でも貴重な羊は無駄にできない。冬場に食べるのは、秋に解体して保存しておいた牛肉の方だ。牛肉は味にちょっと癖があり、日本で食べる羊のようだった。

モンゴルでは、もっとも厳しい季節と言われる三月から四月が羊の出産の時期だ。遊牧民にもそれぞれ分業があり、お父さんが飼っているのはメスと、去勢されたオス。そして、毎

一つ屋根の下、お母さんは黙々と家事をこなし、お父さんはウォッカでほろ酔い気分。たった一つしかないストーブの火で、お母さんは本当に手際よく食事を作る。どの料理も基本的な材料は肉と小麦粉だが、それを餃子にしたりうどんにしたりと工夫する。

年十月だけ種羊を自分の群れに戻す。そうすると、羊の妊娠期間は五ヶ月なので、ちょうど春に仔羊が誕生することになる。春に出産すれば、親子ともども病気にかかりにくい。夏になればもう大人だし、秋には交尾もできる。つまり、秋に妊娠し、冬を越し、春に出産して、夏に放牧する。この繰り返しなのだ。こうして、家族が生きていくのに足りる羊の頭数が確保される。自然と人間の知恵の共同作業だ。けれど今年のように異常に寒かったりすると、その巡りが狂ってしまう。遊牧民にとって、天候不良は命に関わる大問題だ。

朝目を覚ますと、残念ながら昨日の夜まで鳴き声を上げていた仔羊が二頭、冷たくなっていた。すかさずデルテン君がそれらの遺体を外にある小屋の屋根にのせる。死んだ仔羊は毛皮を剝がれ、肉はそのまま大地に戻される。遊牧民は死んだ獣の肉は食べない。白い雪の上で、赤い肉がつやつやと輝いていた。剝いだ皮は、冬場の敷物になるという。

家畜なのだから当然だが、名を与えられるでもなく、お墓に葬られるでもなく、死んでしまったらただ外に出され放置される。そこに、死を弔う儀式があるわけでもない。そのことに、少しだけ驚いた。現実だけが目の前に横たわっている。

厳粛な気持ちでゲルに戻ると、二頭減ったところに、また新たに一頭、生まれたての仔羊が運ばれてきた。生まれては死に、死んではまた生まれる、永遠にその繰り返しである。大地は、その営みを、静かに口を噤んで見守っている。

朝食後、お父さんと一緒に羊達の放牧へ。夜は外の牧舎に入っている羊達に、草を食べさせるため連れ出すのだ。草といっても、ほとんど枯草しかない。あと一ヶ月しのげば青々としたおいしい草が生えるから、とにかくがんばって生き延びてほしい。羊達は、ゴツゴツとした岩山を登って行く。妊娠中の羊は疲れやすく歩くのが困難なので、お父さんとデルテン君が腰を支えて手伝っていた。

ようやく山の頂上に着いた時、そこからの景色に思わず絶句した。名付けようのない涙がボロボロと零れる。そんなに高い山ではない。多分十分くらいで着いたはずだ。それでも、ゲルの立っている場所からの景色とはまるで違う。三百六十度、見渡す限りの平原に、ぽつんとお父さんのゲルが立ち、煙突から一筋の煙が立ち上っている。人工物は、たったそれだけ。

大地を縁取るように聳《そび》える山々は淡く雪化粧し、黄金の海のように広がる平原には、凍った川面が悠々とうねりながら銀色に光っている。こんなふうに地球を美しいと感じたことがあっただろうか。無条件で、生きていることが嬉しくなる。頭の中に浮遊していた塵《ちり》や埃が、全部一気に吹き飛ぶようだった。それまでに自分が抱えていた悩みの、なんとちっぽけで下らなく、傲慢だったこと。

すっかり心を洗われた気分で感動を胸にゲルに戻ると、お母さんがデール作りを始めていた。デールとは、伝統的なモンゴルの民族衣装である。冬場は放牧もなく乳搾りもないので、家の中の手仕事として、女性はよくデール作りをするそうだ。

ただ、最近ではデールを作れる女性も減ってきているとか。お母さんは本当に働き者だった。一日中、休む暇なく家事をこなす。けれど、遊牧民の女性達にとってはこれが当たり前。働くとは体を動かすことだと、お母さんの後ろ姿を見ていて幾度となく気づかされる。

一日中強い風が吹いていた。モンゴルの春は、人にとっても家畜にとっても本当に過酷である。それでも、そんな厳しい季節だからこそ、ゲルの中の温もりを実感する。家族は自然とストーブの周りに集まり寒さを凌ぐし、隣近所といっても一キロくらい離れているから、心を込めて客人を招き入れる。特に何も話さないのに、ゲルの中にいてじっとしているだけで、どこか心が通じ合ってくるから不思議である。同じ場所にいて同じ物を食べるのが家族だという、極々当たり前の事実を、ハヤナーさん一家が教えてくれた。

たった二泊三日のホームステイだが、心の自由を知る、かけがえのない時間となった。本当は、人は生きる知恵さえ忘れなかったら、自分の食べ物とほんの少しの生活道具だけで、どこでも生きていけるのだ。このことを心の襞《ひだ》の奥に忍ばせておけば、いつか自分が躓《つまず》く時があっても、大切な何かを思い出させてくれるに違いない。

帰り際、もう一度地面に寝転がってみる。背中にぴったりと地球が貼り付いている感覚は、

何度味わっても止《や》められない。地球の鼓動が聞こえそうだ。目を閉じて、この荒涼とした大地が、一面緑になるのを想像した。それは、脳を溶かすように心地よい夢のような景色だった。

それでも、この極寒の季節に訪れて、やっぱりよかったと思う。命は、厳しい季節の中からこそ、精一杯の力で奇跡的に誕生するのだ。その瞬間に、立ち会うことができたのだから。

海の向こうの、広大な大地。
「おかえり」と迎えてくれたのは、
懐かしい家族と、懐かしい味。
「生きることは、食べること」
教えてくれたお父さんお母さんに、
親孝行したい、夏休みです。

モンゴル

ハヤナーさん家　夏

チンギスハーン国際空港に降り立ったのは、午後六時過ぎだった。一路、アンタンボラグ県にあるハヤナーさんのゲルを目指す。夕刻とはいえ、太陽はまだまだ沈む気配がない。真昼のような強い日差しが降り注ぐ中、モンゴルではお馴染みとなった、未舗装の道なき道をひた走る。

毎回感心してしまうのだが、モンゴル人はどうやって目的地に辿り着くのだろう。モンゴルには道案内というものがほとんどなく、車にナビがついているわけでもない。正確な場所を記す住所もない。それなのに、車はきちんと目的地に向かって突き進む。小高い山の見え方やその土地の特徴などを記憶しているというのだが、日本人の私の目にはどの山も同じようにしか見えない。国土の面積は、日本の約四倍。その広大な土地を、馬や車で縦横無尽に移動するのだ。自然に対する観察力が、極端に優れているのだろう。遊牧民は、空や大地や家畜など、自然界のあらゆるものから情報を得ているという。

まだうっすらと明るいうちに無事ハヤナーさんのゲルに辿り着いた。遊牧民は一つの所に定住せず、移動しながら暮らしている人達だ。前回と同じ場所に行ったからと言って、また必ず会えるとは限らない。

最初にゲルのドアを開けて出て来てくれたのは、奥さんのナラさんだ。前回訪れたのが三月末だから、約三ヶ月ぶりの再会である。私の姿を見つけた瞬間、ナラさんの顔に花が咲い

たように笑みが零れる。続いてハヤナーさんも現れた。

その熱烈な歓迎ぶりと言ったら、こちらが恐縮してしまうほど。歓声を上げ、抱擁し、さっそく手を繋いでゲルの中に招待される。まさか、こんなに喜んでもらえるとは思っていなかった。ふたりの笑顔に出合えただけでも、はるばるモンゴルまでやって来た甲斐があったというもの。疲れが一気に吹き飛んでしまう。また一つ、モンゴルにも家族ができたのだ。私にとって、ハヤナーさんはモンゴルのお父さん、ナラさんはお母さんである。

外はすでに薄暗い。すぐにお母さんが、スーテイツァイとビスケットを出してくれた。三ヶ月前はおっかなびっくり口に含んでいたスーテイツァイが、懐かしい味に変わっている。「また来るね、と言う人はいっぱいいるけど、実際にまた訪ねてくれる人はほとんどいないから」と、興奮気味に話すお父さん。確かに、また来たいとは思っていたけれど、こんなに早くモンゴルに戻って来られるとは！　前回はお母さんの手伝いをすることがほとんどできなかったので、今回は、目いっぱい手伝いをして帰ろう。それが、たくさんの元気をくれたモンゴルへの、せめてもの恩返しだと思うから。

翌朝、まずは近くの川まで水汲みへ。陽が高くなると水の温度が上がり、水質も濁ってしまうので、水は早いうちに確保する。飲み水も料理に使う水も、すべて川の水だ。乾燥した気候のモンゴルでは、水はたいへん貴重である。

春に来た時は、極寒だった。マイナス二十度の寒さで、ほとんどの時間をゲルの中で過ごした。ゲルの中央にあるストーブが、磁石のように家族を引きつけていた。

けれど今は夏なので、ストーブを外に運び出して煮炊きする。ストーブは固定されているわけではないから、中で火を使うと暑くなってしまう場合は、外に出せばいい。そんな小さな発想でも、遊牧民の暮らしの知恵にいちいち感動してしまう。朝日を浴びながら、お母さんとふたり、お湯が沸くのをじっと待った。

お父さんは、春に私達が帰った直後、ウランバートルの病院に一ヶ月入院したそうだ。頭に腫瘍ができ、それを取り除く手術をしたという。悪性のものではなかったので事なきを得たが、その間はお母さんも一緒にウランバートルに滞在した。遊牧民のふたりにとってそれがいろいろな面でどんなに大変なことか、日本人である私にも容易に想像がつく。しかも、今年の冬は異常に寒くて、モンゴル中で羊が大量に死んだのだ。自分の家畜を死なせることは遊牧民にとって最大の恥だから、正確な被害頭数は不明だが、それでもモンゴル人の食生活を脅かすほどの大寒波だった。

お父さんの羊も例外ではなく、私達が春に滞在していた間も、生まれたばかりの羊の赤ちゃんが次々に息絶えていたのを思い出す。そんな中での入院である。山羊からとれたカシミアを売り、入院費用にあてたそうだ。昨日は暗くてよく見えなかったけれど、確かにお父さんの右の耳の下から首にかけて、長い手術の跡が残っていた。今もまだ体調が万全ではないため、家畜の世話は隣のゲルに暮らす長男夫妻に任せている。

朝食の後、お母さんが春にあったゲルの場所へ案内してくれた。春には凍っていて、その上でスケートをすることができた小川には、さらさらと水が流れている。歩きながら、お母さんがそっと手を繋いでくれた。前回は、散歩をするような余裕すらなく、お母さんは朝から晩まで働きづめだった。そのせいで、ほとんどお母さんと話すことすらできなかったのだ。だから遊牧民にとって夏は、ほんの一瞬、心を安らげる時間なのかもしれない。春は枯れ草しかなかった大地が、うっすらと緑の草に覆われている。

その後、みんなで車に乗り、ナーダムの練習を見に行った。ナーダムとは、モンゴル人なら誰もが楽しみにしている遊牧民の祭典で、競馬やモンゴル相撲、弓を競い合う。競馬の騎手は五歳から十三歳までの少年となっており、今年は隣のゲルに暮らす孫も出場する。

ところで、遊牧民が馬を食べるのか食べないのかは、ずっと謎だった。遊牧民にとって馬は、家族同然の存在である。家族だから食べないという話を聞く一方、春、お母さんが最後の食事の時に作ってくれたおいしい揚げ餃子には、馬肉が入っていた。そのことを、今回思い切って質問してみたのだが、要するに人それぞれということらしい。

馬の場合、大体二十五歳くらいが寿命なので、その年齢が近づきだんだん体が弱ってくる

朝食後、お母さんがおいしいミルクティを作ってくれた。牛乳から作ったウルムにひえを混ぜて柔らかくし、それを通常のスーテイツァイに小麦粉や砂糖と合わせて入れるのだが、ほんのりと甘くて香ばしく、飲みやすかった。普段は飲まない、特別に贅沢なご馳走である。下は、出来たての揚げパン。

と、肉にして食べたり売ったりするそうだ。稀《まれ》にとても優秀な馬は、そのまま自然に返して最期を迎えさせる。けれどほとんどの馬は、最後、食用となる。お父さんは、肉の中でも馬肉が一番好きなので、飼っているうちから肉づきのいいおいしそうな馬に目星をつけておき、その馬には優先して草をたくさん食べさせるそうだ。

そして、馬もやっぱり、羊同様自分の手で解体する。そういう時でも、モンゴル人は決して、「殺す」などという直接的な言葉は使わずに、「冬用の食品を作る」「出す」など、間接的な柔らかい表現を用いるという。遊牧民にとって、五家畜、すなわち、牛、馬、山羊、羊、ラクダは宝物であり、それらを大切にすることがモンゴル人にとっての正しい道なのだ。

ゲルに戻るとすぐに、お母さんが昼食の準備を始めた。モンゴルの夏は、一日のうちに四季があると言われている。異常気象により今年は特に暑さが厳しく、日中は四十度になる日もある。炎天下で料理をするのは、それだけで一苦労だ。それでも、文句一つ言わず、家族のためにおいしいご馳走を作ってくれる。この日のメニューは、焼きうどんだった。もちろん麺も、小麦粉から自分でこねて作る。基本的に遊牧民の食事は、肉と小麦粉の組み合わせである。

昼食後は、家族揃ってゲルの中でお昼寝タイム。そうしないと、過酷な環境のモンゴルでは体力がもたない。夏場はゲルに被せる布の枚数を減らして、地面との間も少し開けてあるので、風が吹けば涼しく感じる。快適なシエスタの時間だった。

そして夕方の六時頃から、今度は夕食の準備を始める。煮炊きに使う燃料の牛糞を集めるのは、お父さんの役目らしい。バケツを持ち、一緒に糞拾いに繰り出す。探さなくても、そこら中に牛がいるので、地面は宝の山だ。きちんと乾燥している牛糞を拾い集める。牛糞というのは、草を細かくしたのと同じこと。モンゴルは、決して肥沃な大地ではない。遠くからは青々とした草原に見えても、実際はゴツゴツした岩肌で、草と言っても硬かったり棘《とげ》があったりするのがほとんどだ。木もほとんどないから、牛糞はとても貴重な燃料である。遊牧民は、自然の巡りを大切にしながら暮らしている。

お母さんが作ってくれたのは、揚げパンだった。古くなったパンを細かくして、卵、玉ねぎなどを混ぜ、油で揚げる料理である。と言っても、すべて一つのストーブの火だけを使い、一つの鍋だけで作るから、お湯を沸かすのにもご飯を炊くのにも驚くほど時間がかかる。東京の暮らしで同じことをしたら、きっとイライラしてしまうかもしれない。けれど、のんびりと待つ時間がまた幸せだった。

空はうっすらとピンクに染まり、遠くには小高い丘。すぐそばを羊の群れが通って行き、近所の人が馬に乗って遊びにやって来る。日焼けして真っ黒い顔をした子供達は、歓声を上げながら草原で相撲に興じており、鍋からは、優しげな揚げ物の音が響いてくる。遊牧民の暮らしは決して楽ではないけれど、過酷な日々へのご褒美のように、こんなに素敵な瞬間がある。ゆっくりゆっくり、心のカーテンが開いてゆく。

ちょうど陽が沈むのを待っていたかのように、料理が出来上がった。風がないので、そのまま外にテーブルを持ち出し、夕焼けを見ながら食べる。贅沢な材料など何一つ使っていないのに、どうしてこんなにおいしいのだろう。揚げパンは香ばしくて、何個でもおかわりしたくなってしまう。

お母さんは、本当に家族の食事のことばかり気にかけていた。ご飯を作るために生活していると言っても過言ではない。寝ている時以外は、いつも食事の支度をしている。家畜を飼うというのも、家族が食べて生きるため。ここでは、生きることが即、食べることに繋がっていて、食べるために働いている。その、とてもシンプルで力強く、無駄がない生活に、何か忘れかけている大事なことを思い出しそうになった。

遊牧民は、持っている物は少ないし、土地に対する拘《こだわ》りもない。お金だって、そんなに持っていない。けれど、執着するものがないからこそ、とても自由でいられるのかもしれない。遊牧民は、生きる知恵に溢れる人々だ。たとえば、ペットボトル一つとっても、春、お母さんは羊の赤ちゃんにミルクを飲ませるのに、ペットボトルの胴の部分に大きな穴を開け、そこからミルクを注いで利用していた。夏は、ペットボトルの口の部分に数ヶ所小さな穴を開け、底の部分を切り取り、逆さにして中に水を入れることで、キャップを蛇口に見立てた簡易水道として利用する。私だったら、再利用法を考える前にすぐにお金を出してそういう道具を買ってしまうのに。もしも地球に大変な危機が訪れたら、生き延びることができるのは、文明が進んでいると思い込んだ我々ではなく、きっとこういう原始的な生きる力のある人達ではないだろうか。

日没から暗くなるまでの一瞬は、まるで天国かと思えるほど、空一面が優しい色に染まる。食後は家族みんなで、隣の長男夫妻のゲルに、搾り立ての牛乳をもらいに行った。その時、お母さんが高い場所から牛乳を零すようにして、表面に泡をいっぱい作っていた。こうしておくと、牛乳の表面にクリームができるのだとか。

翌朝、今度はクリームをもらいにまた家族勢ぞろいでお邪魔する。このクリームはウルムと呼ばれ、夏の間、遊牧民が好んで食べる乳製品だ。けれど今年は、例の大寒波により、牛の食べる草も少なく、牛乳も少ししかとれないという。

その貴重なウルムの味見をさせてもらったら、こってりとして濃厚な味だった。日本に帰ったら作りたいと思ったけれど、新鮮な牛乳でしか作れないらしい。さっそく、ゲルに戻りパンにつけていただいた。

とにかくお母さんは、勧め上手だった。パンにクリームを塗ってジャムをつけて食べてみたいとお願いしたら、パンの上に山盛りのウルムをのせ、更にその上にたっぷりとイチゴジャムをのせてくれる。一枚食べ終わると、またすぐに同じ物を作って私の口に入れようとする。モンゴルでは、出された物は必ず食べるのが礼儀だというので、とにかくおなかがパンパンに膨れるまで食べ続けた。お母さんは、家族が外から帰って来たらすぐにお茶を出すし、昼寝から目が覚めても、すぐに口元にビスケットなどを差し出してくる。他のゲルにお邪魔しても、決まってお茶やお菓子やウルムが振る舞われた。食事時に来客があれば、必ず食事も出すそうだ。

決して、食べ物が豊かな暮らしではないのに。けれど、だからこそこうやってお互いに助け合い、空腹を満たし、生きていくのかもしれない。お母さんは、味見の時すら、その場にいる全員に同じように分けてくれる。

ホームステイ最後の夜は、カレーライスを作ってご馳走した。お父さんはあまり体調が良くなさそうだし、お母さんもずっと働いてくれたので、少しでも楽になってほしいという願いを込めて。そして、ふたりに好評だったのが、私のマッサージ。本当は、マッサージ師なんじゃないの？　なんて真顔で言われたりして。

興味深かったのは、ハヤナーさんの家では夏なのに一度も羊が出なかったことだ。毎日、どの食事にも羊が登場するのかと思っていたのに。お母さんに理由を尋ねると、冷蔵庫などない暮らしだから、この時期に解体してしまうと、生肉の保存が難しく、たくさんハエが来てしまうからとのこと。けれどももしかしたら、お父さんの入院費のことなどもあるし、売るためになるべく食べずに取っておいているのかもしれない。今年は大量に羊が死んだから、ウランバートルで売られている肉の値段も高騰しているのだという。家族が食べなければ、その分売って現金収入を得ることができる。

羊の代わりに料理に使われていたのは、牛の干し肉だった。これは、春に来た時もいただいた肉で、舌に馴染んでいる。解体したものをカラカラになるまで乾燥させ、専用の容器に入れて保管する。それを、その都度金づちで叩き潰し、繊維を細かくして利用する。

お母さんは、その牛の干し肉をお土産にと分けてくれた。本当に、どこのお母さんも一緒なのだ。容器から、たくさん取り出そうとする。貴重な食料だからちょっとでいいよと言っても、持って行けと譲らない。そして、日本人の友達に元の形を教えてあげてほしいと、少しだけ、骨の形のわかる部分も入れてくれる。それを、布の袋に入れて口の所を糸で縫いつけ、更に布袋ごとビニールで包み、最後に水色の布切れをハサミで細長くしてリボンを作って、かわいらしく結んでくれた。

バイラルラー、とはモンゴル語で最初に覚えた言葉で、「ありがとう」の意味。バイラルラー、バイラルラー、とそれしか言えないから、何度も何度も繰り返した。

今、遊牧民の暮らしは転換期を迎えている。車やバイク、携帯電話やテレビが普及し、元来持っている優れた能力が鈍りつつあるらしい。主な移動手段が馬ではなくなってきているし、テレビの天気予報を見て明日の空を予測する。遊牧民の子として生まれても、遊牧民になりたがらない若者も増えている。民族衣装であるデールを着ることも、少なくなった。もしかしたら近い将来、馬に乗れない遊牧民も登場するかもしれない。

日本だって同じ道を辿ったのだし、それが良いことなのか良くないことなのか、部外者が簡単に言えることではない。実際、遊牧民の生活は本当に過酷である。便利な物を手に入れてそれを使いこなすことを、一概には否定できない。

それでも、と思うのだ。世の中がどんなに変わろうと、遊牧民は遊牧民として、いつまでもあり続けてほしいと。生きることは、食べること。その力強い真実を、体で実践している人達なのだから。

生まれて四年後、鮭は産卵のため
故郷の川を目指して三週間の旅に出る。
その数、約三億匹。
命がけで川を遡上する
鮭の里帰りの物語。

カナダ・アダムスリバー

命をかけて、命をつなぐ

二〇一〇年十月八日、朝八時前にケローナにあるオカナガン湖畔の宿を出発する。九十七号線を北上し、アダムスリバーを目指した。雲間から、はちみつ色の朝陽が差し込み、葡萄畑に茂る葉っぱを照らしつけている。

ロデリックヘイグブラウン州立公園には、たくさんの観光バスが止まっていた。鮭の産卵に立ち会うことは、近隣に暮らす人達にとっても楽しみな行事なのだろう。中には、課外授業を受けに来た子供達の行列もある。

はやる気持ちを抑えきれず、駆け足で川の畔まで行き、水底を覗き込む。鏡のように澄み切った水の中に、確かにいる。あっちにもこっちにも、頭以外のすべての部分を夕陽のような深い紅に染めた紅鮭達が泳いでいる。赤くなっているのは、川を遡上《そじょう》してくる間に体が傷ついてしまったからだ。

頭がしゅっと尖っていて、大きくて厳つい体格の方がオス、体が小さく滑らかな方がメスだ。川岸に近い流れの緩やかな所を選び、ゆっくりと休むようにしながら進んでいく鮭もいれば、流れの速い中央部を、流星のごとく一直線に進んでいく鮭もいる。

ここにいる鮭達は皆、四年前、このアダムスリバーで生まれた。オスとメス、一組のカップルが産む卵の数は数千個と言われているが、そのうち、四年後に再び川を遡上して戻ってくることができるのは、わずか二匹しかいない。だから目の前を泳いでいる鮭達は、ものすごい生存競争を勝ち抜いて、役目を果たすため、最後の難関を乗り越えようとしているのだ。太平洋から川に入った鮭は、産卵に適した上流に辿り着くまでの約二週間、何も食べずに泳ぎ切る。

時に水しぶきを上げながら、ほとんど体が浮き出てしまうような浅瀬を、一心に突き進む姿は圧巻だった。中には、すでに背びれがぼろぼろになり、鱗も剝がれてしまっている鮭もいる。

やがてオスとメスのペアが決まると、メスは産卵にふさわしい浅瀬を探し始める。場所が決まると、今度はオスが体を倒して、全身をしならせ小石や砂を払い除ける。卵を産む環境が整うと、メスは産卵を開始する。

ある鮭のカップルは、私からわずか一メートルほどの至近距離で、産卵を行っていた。メスは、バチャバチャと激しく水しぶきを上げ、体をくねらすようにして卵を産み出す。そこに今度はオスが、尾ひれを小刻みに動かして精子をかけるのである。オスとメスは、流れに逆らいながらも同じ場所に留まり、身を寄せ合い並行して泳いでいる。後からやって来た他のオスが邪魔をしに来るのだが、オスはその度に威嚇《いかく》してメスを守る。

二匹の鮭のカップルは、互いの体をこすりつけ合うようにして震わせながら、休み休み、何度もそれを繰り返していた。水圧に押されて体が離れそうになっても、すぐに磁石のよう

にすーっと寄り添い、産卵を繰り返す。これが、二匹の鮭に与えられた最後の使命だ。

その横を、役目を果たし終えたのだろう、立派な体軀《たいく》のオスが、上流から転がるように流れ落ちてくる。それでも、運命に抵抗するかのように、時々体を激しく動かし、再び川を上ろうとする。

同じ川で同じ年に生まれた者同士ペアになったオスとメスは、子孫を残すと、すぐに四年という生涯を終える。命の尽きた鮭は、たった今最後の力を振り絞って遡上してきた川を、今度は何の抵抗もせず、ただただ流されるままに流れていく。ある者は川の畔に打ち上げられ、ある者は川下に広がる湖の中を漂流する。

川沿いに広がる森の中に、湖まで続く小道があった。下流に向けてゆっくりと歩いていると、ふわりふわり、黄色く色付いた葉っぱが舞い落ちてくる。見上げれば、思わず手を伸ばして触りたくなるような青空だ。何かの綿毛が、木漏れ日の中を小さなＵＦＯのように浮かんでいる。

太平洋からはるばる五百キロメートルにも及ぶ旅を終えた鮭達が、最後の一休みをするという湖まで行くと、湖畔の砂地にはさまざまな鮭の遺体が打ち上げられていた。それを、カモメが群がってついばんでいる。体が半分にちぎれた者、目玉がえぐられた者、すっかり干からびて骨と皮だけになった者。勇敢に遡上してきた鮭達の、最後の姿だ。

それでも、自分が生きていたという証を見せつけるかのように、濃い魚の匂いを放っている。死臭なのに、なぜかそれは生命力に満ち溢れていた。命の尽き果てた鮭達は、今度は藻屑となって地球に戻り、再び別の命に継承される。命とは常に流動的で、形を変えながらぐるぐると巡っているものなのだ。

鮭が生まれた川に戻って来ることができる理由は諸説あるが、水の匂いを記憶しているとする説が有力だ。鮭達は、川の水に溶ける父親や母親の匂いを覚えているのだろうか。

命を全うするというのは、こういうことなのかもしれない。ことさら神聖なことでもないけれど、ことさら卑下することでもない。ただ、死ぬまで生きるだけのこと。命をかけて、命をつなぐ。その、シンプルな鮭の生き様が、胸に心地よかった。人はとかく生きている目的や意味を頭で探してしまうけれど、ただ命を全うするだけでもよいのかもしれない。生きているだけで、意味があるのだと。そのことに気づいたら、なんだかホッとして、安らかな気持ちに包まれた。

この感覚を記憶の襞の奥深くに留めておきたくて、大きく大きく息を吸い込む。土や葉っぱが香る清々しい空気の中に、うっすらと魚の匂いが混じっている。四年後、私もまたこの川に戻ってこよう。命をかけて、命をつなぐ。その強くて美しい鮭の姿に立ち会うために。

太古から続く鮭の旅は、これからも果てしなく続くのだから。

世界遺産にもなっている
100年以上前に建てられた
ベルリンの集合住宅「ジードルング」。
祖父母から子供、孫、ひ孫へと、
古いけれど愛着のある住処と、
住まいにまつわる思い出が
昔話のように語り継がれています。

ドイツ・ベルリン

陽だまりの家、庭の緑

散歩気分で旅に出た。初めてのドイツ、初めてのベルリンである。旅の相棒はドイツの靴メーカー、ビルケンシュトック。歩きやすいので東京でもビルケンを愛用している私は、とにかくこの足でベルリンの町を歩きたかった。

まずは、ベルリンの象徴、天使の塔からまっすぐに広がるティアガルテンへ。ドイツ語で「動物の庭」を意味するそこは、まるで鬱蒼と茂る森のような公園だ。その昔、王様が獲物を放して猟を楽しんだ場所だという。人の営みを遥かに凌ぐ巨木達が、悠然と枝葉を伸ばしていた。

夕刻と言ってもまだまだ陽は高く、人も生き物も、思い思いに一日の終わりに漂う余韻を味わっている。木陰に設けられたかわいらしいビアガーデンでは、親しい仲間達がビールを傾け、心地よい風の吹く運河の河畔では、おじさんが熱心にギターの弦を爪弾く。美しい鴨は静かな沼の畔を行進し、草原では野ウサギの親子が必死に草を食《は》み、花達はあるがままに咲き乱れる。ティアガルテンを散策しながら、ベルリンへのほのかな恋心を抱いていた。

今回の旅の目的は、ベルリン市郊外にあるジードルングを訪ねることだ。ジードルングとは集合住宅を指し、ドイツ全土にたくさんあるのだが、およそ九十年前に建てられた「ベルリンのモダニズム集合住宅群」と呼ばれる建物は、歴史的な価値が高いとして、二〇〇八年、世界文化遺産に登録された。そしてそこでは、今も普通にベルリン市民が暮らしている。

世界遺産に登録されたのは、ベルリン市郊外に点在する六ヶ所のジードルング。入居者の多くはお年寄りだが、住み心地がよくデザイン性も優れており、そのうえ値段設定が割安であることも手伝って、入居待ちをするアーティストや若者が増えている。

それらのジードルングが建てられたのは、ベルリンが強固な壁で東西に分断される前のこと。一九一三年から三四年にかけて、労働者階級の住宅不足を緩和するべく、住人達がいかに心地よく暮らせるかを徹底的に考えてつくられた集合住宅である。低所得者向けの住宅もあり、各戸に台所やお風呂、バルコニーがあることは、当時とても画期的だった。

建築を担当した中心人物は、ブルーノ・タウト。建築のみならず、世界中のあらゆる芸術や都市計画、日本の工芸にまで影響を及ぼした美術学校、バウハウスと深い関わりのある人物だ。

初夏を思わせるような快晴の週末、これらのジードルングに暮らす二軒のお宅にお邪魔した。

まずはベルリン市の南側、旧西ドイツのノイケルン地区にある『ブリッツ・ジードルング』へ。ここは、上空から見ると巨大な馬の蹄《ひづめ》の形をしており、中央に大きな公園がある。

家の中を見せてくれたのは、ミリアム・シュトックさん。休暇に出かけた両親に代わり、留守を預かる十八歳だ。ワインレッドの外壁に淡いブルーの扉という素敵な玄関だが、この壁も扉も建設当時のままの色使いで、住人が勝手に外観の色や素材を変えることは許されない。

一家がこの家を買ったのは三年前。なんと、住居部分の敷地面積はたった十六平方メートル。天井高も三メートル弱で、これはドイツの平均的な住居からすると、かなり低い方だという。

部屋の中のドアや壁は自分達で白く塗り直し、床も赤くペンキが塗られていたのを削り直した。多くのドイツ人にとって、自分達の住む家を自分達で内装するのは当然のこと。場合によっては、家具や収納庫も自らの手でつくり出す。

もともとあったセントラルヒーティングの暖房だけでは冬場どうしても寒くなるので、一階のリビングには薪をくべて暖めるモダンな暖炉を置き、台所には前の家で使っていたシステムキッチンをそのまま収めた。建物自体は古くても、中には使い勝手のよい電化製品を取り入れ、水回りもよく、快適に暮らしている様子がうかがい知れる。

何と言っても圧巻なのは、台所の窓から見渡せる広く美しい庭。ざっと見ても百平方メートルはあろうか。そこに、色とりどりの季節の花々が咲き乱れる。ベルリンの冬は長く厳しい。その暗いトンネルを抜けて暖かい太陽を浴びる大地は、たくさんの植物が色と形で喜びを表現しているようだった。

それにしても、隣の家との仕切りが極端に低い。大人の腰ほどのフェンスが緩やかに張られているだけで、右隣の家に住むご主人が庭いじりする様子も、左隣の家に住むおばあさんが洗濯物を干す様子も丸見えである。けれど、そのことによってすべての庭が繋がっているように見えて広く感じるし、また多くの住人が見渡せる分、逆に防犯の役目も果たしている。

ミリアムさんが両親とこの家に越して来た時、左右それぞれ三軒ずつの家族を招いてグリルパーティーをやった。作りすぎた料理を隣家のおばあさんがお裾分けしてくれることもあり、ここには、東京の下町にも通じる程よいご近所付き合いが残っている。

庭の一角に置かれた椅子に座ると、心地よい風に包まれた。緑が目に眩《まぶ》しい。耳を澄ますと、ホーイホーイ、ヒューヒョロロと、方々からのびやかな鳥達の声が響いてくる。見上げると、どこまでも広がる青い空。地震がほとんどないドイツでは、電線はすべて地下に埋められているのだ。木の幹に手作りの巣箱を取り付けている家も多く、ここは鳥達にとっても理想的な楽園である。地上では人懐こいシャム猫が、手足を投げ出し気持ちよさそうにまどろんでいた。

ミリアムさんに別れを告げ、余韻を味わうように家々の間をそぞろ歩く。迷路のように細い道が連なっている。垣根越しにそっと余所のお宅の庭を拝見すると、ここでもまた、人々は思い思いに日光浴をしたり読書をしたり庭仕事をしたり。なるべくお金をかけずに楽しく週末を過ごすのが、ベルリナー流である。

翌日は、ベルリン市南東、旧東ドイツのトレプトウ地区にあるジードルング『ファルケンベルク庭園街』に暮らすホーホさん宅へ。ホーホとはドイツ語で高いを意味し、実際のホーホさんも身長二メートルを超す長身の男性だった。私が真っ先に覚えたドイツ語でもある。

敷地に足を踏み入れたとたん、ため息が零れた。家並みを見ているだけで、気持ちがすーっと静まり返って、心の中に漂っていた澱が沈んでいく。石畳の緩い上り坂の両脇には調和のとれた色鮮やかな家が立ち並び、それらを取り囲むように深い緑が広がる。外観にはたくさんの色彩が用いられているにもかかわらず、雑然とした印象は少しもなかった。庭園街の名前の通り、ここは庭というものに重きを置いて計画されたジードルングである。

一見おとぎ話に出てきそうなかわいらしい建物だが、直線的なつくりや几帳面な色の組み合わせに、ドイツならではの実直さを感じる。さすが、ブルーノ・タウト。少しも時代に色褪せず、今でも斬新で美しい。堂々として、日本でいうところの高級住宅の風格を漂わせている。

家の中に案内していただくと、窓からは、果てしなく広がるかに錯覚してしまうほどの緑豊かな庭を見渡すことができた。部屋自体は決して広いとは言えないが、そして長身のホーホさんにとってはお世辞にも天井が高いとは言えないのだが、緑の植物や色とりどりの可憐な草花が、世界をぐーんと大きく広げ、開放的な気分にしてくれる。住むとは何かという明確な目的を考え、試行錯誤を繰り返していた時代の痕跡が至る所に見え隠れする。

一九一三年の建築当初から、このファルケンベルク庭園街はずっと賃貸のみで続いてきた。驚いたことに、賃貸物件でありながらも、家族が代々同じ部屋に暮らし、部屋と庭を継承していくことも少なくないという。それだけ住み心地がよく、自分達の暮らしに愛着をもっているということだろう。

ホーホさんの友人で、隣人でもあるラゾカットさんもそのひとり。彼は、ここで生まれ育ち、六十四年間ずっとこの地に住み続けてきた。ラゾカットさんの祖父母は、一三年の建設当時からの入居者で、第一次大戦、第二次大戦、東ドイツ時代、そして壁の崩壊と、一家はこの家でずっとドイツの歴史を見守ってきた。当初は庭にみんなで果物のなる木を植えて、一緒に助け合って生きようと、自給自足の糧にしていたらしい。林檎、さくらんぼ、洋ナシ、プラム……、ラゾカットさんも幼い頃、木から直接果実をもいで食べた懐かしい記憶がある。

祖父母から子供、孫、ひ孫へと、住まいに纏《まつ》わるさまざまな物語が語り継がれ、その思いを大切にしながら丁寧に暮らす。それこそが、建設当時の面影を今日に至るまでしっかりと保ってこられた秘密なのかもしれない。

林檎の木の下で、ホーホさんのパートナー、ザビーネさんの焼いてくれたアップルケーキをいただいた。ザビーネさんは旧東ドイツ出身で、もともとこの場所の近くで生まれ育った。今では自由にどこへでも行けるようになったものの、ファルケンベルク庭園街のこの静けさが好きだという。世の中が速くなればなるほど、庭という自然に接することで、人間本来の生き生きとした感性を取り戻すことが大切なのではないだろうか。ホーホさん自慢の庭を見ているだけで、私は底知れない優しい気持ちに包まれていた。

そしてここでもまた、庭巡りをする幸運にありついた。

庭と庭の間に巡らされた、人が一人やっと通れるくらいの細道には、季節の花が緑のトンネルをつくるように鬱蒼と枝葉を伸ばす。目的もなく、ただ植物の指に誘われるままそぞろ歩いていると、目には見えない想像の翼が背中からぐんぐんと派生し、心がさまざまな世界へと羽ばたいていく。庭は時間の流れをゆっくりに戻し、人々をロマンチックな気分にしてくれる。私はいつまでも散歩していたかった。

ふと気がつくと、私はすっかりベルリンという町に恋に落ちていた。壁の崩壊から今年で二十四年。新生ベルリンとして生まれ変わって、この秋で四半世紀歳を迎える。東西の文化が出会い、互いに影響を与えながら、ベルリン独自の文化へと成熟し始めている時期なのだろう。およそ百年前につくられたダンスホールの中庭レストランも、旧東ドイツ時代のアパートにつくられた手作りのカフェも、オーガニックマーケットも、蚤の市も、そこにはもう、

「西」も「東」も存在せず、ただただベルリンの大らかで自由な空気に満たされていた。

風が踊り、光が弾け、鳥が歌う。その下で、人々は生きている喜びを堪能する。この星に、私にとってのサンクチュアリがまたひとつ見つかった。

町をお散歩すれば、
あちらからもこちらからも、
香ばしいコーヒーのいい匂い。
歩くのに、ちょっと疲れたら
常連さんたちに混じって一休み。

愛媛県松山

喫茶の町　ぬくもり紀行

伊予の国、松山にやって来た。広大な松山の城下町として発展したこの地は、国内でも有数の、喫茶文化の栄える町だ。おっとりとした雰囲気の漂う市内には、昭和の時代から続く懐かしい雰囲気の喫茶店から、海外のコーヒー文化を取り入れた今時のオシャレなカフェまで、さまざまである。

まずは松山におけるカフェ文化のさきがけ、「ナチュレ」へ。オーナーの藤山健さんは、大手新聞社でカメラマンを務めてから、フリーとなってオーストラリアへ渡り、シドニーに十年間滞在した後、地元松山に本格的なカフェをオープンさせた。この近くで生まれ育ったので、自分の店もぜひ松山一の規模を誇る大街道商店街に出したかったそうだ。

藤山さんは、ラテアートの第一人者、デビッド・ショマー氏から直々に教えてもらったひとりである。エスプレッソを出したのも最初なら、ラテアートを導入したのもまた、松山でもっとも早い。

藤山さんに勧められ、「ハンマージャンマー」を飲んでみた。これはエスプレッソに、さらにプランジャーと呼ばれるプレス用のポットでいれたものを注いで飲むブラックコーヒー。確かに苦いけれど、奥底にふんわりと包み込まれるような優しさがある。ハッと目が覚めたところで、いよいよ、喫茶店とカフェを巡る本格的な旅が始まる。

お昼に松山名物の鍋焼きうどんを食べ、松山城を見学後、次に向かった先は、「カフェカバレ」。カバレとは、フランス語のキャバレー、娯楽施設のある飲食店を意味する。開店は、今からちょうど五年前。

カバレは、古い雑居ビルの三階にある。階段を上ってようやく店に辿り着き、赤い色が印象的なドアを押し開けたとたん、視界が開け、開放的な気持ちになる。窓の向こうには、延々と美しい銀杏《いちょう》並木が続いている。

以前は殺風景な事務所だった。そこを、店主の曽我部洋さんが、ゴダールの映画に出てくるカフェを原点に、まだ見ぬパリへの想いを存分に膨らませ、自力で丁寧に作り上げた。昼間は光がたくさん入るし、夕暮れ時は物思いに耽るのにちょうどいい。夜は夜で、街灯が美しく映える。表面だけビストロふうにすることはできても、カバレみたいに本物の空気感を醸すのは、相当の気合いと努力がなくては成せないはずだ。「料理やサービスの質を向上させつつ、肩ひじ張らず、ざっくばらんにやっていきたいんです」と曽我部さん。このさじ加減が、いいカフェを創造するひとつの要因かもしれない。

翌日、早起きして路面電車に乗り、道後温泉を目指す。それにしても、なんとまぁ喫茶店とカフェの多い町だろうか。あちらにもこちらにも、次々と現れる。しかも、松山の喫茶の場には、かなりの高い確率でボックス席が設けられているそうだ。お茶を飲んでほっこり和みながら話をする生活習慣が、定着しているのかもしれない。道後温泉駅には、二十分ほどで到着した。

温泉に入って体が温まり、さっぱりとしたところで、朝食である。人情味ある町の喫茶店に行ってみたいと、道後温泉駅からすぐの「喫茶ガレ」に足を運ぶ。窓際の席から外の往来を眺めつつ、はちみつトーストのモーニングをいただいた。大きなガラスの向こうには、日曜日のおぼろげな朝の気配が広がっている。食後、コーヒーを飲みながら、文庫本『坂の上の雲』のページをめくる。松山に来たらぜひ、ゆかりのこの地で読みたいと思っていた。

「ここは、よう見えるでしょう」と、二十年来この店に立つ蜂須賀律子さん。

「あの人もだいぶ年を取ってきたなぁ、とか、お孫さんが生まれたみたいだなぁ、とかってね」そう言って、朗らかに笑う。先代のおじいさんはよく、角にある店には責任があるとおっしゃっていたそうだ。

「ここは商店街の入り口。うちが閉まっていると、アーケードのお店全部が閉まっているように見えてしまうんですよ」。だから、家族の冠婚葬祭以外、朝七時から夜十時まで、年中無休で営業する。

喫茶ガレから数軒先、同じく道後商店街にあるのが「珈琲浪漫　一遍堂」だ。こちらもまた、昔ながらの風情を残す喫茶店である。道後でもっとも古いだけでなく、松山でも二番か三番目に古い。切り盛りするのは、本田恵美子さんだ。後ろ姿はギャルそのもの、笑顔のチャーミングな恵美子さんは、常連さん達に、ママ、もしくは恵美ちゃんと呼ばれ、親しまれている。

恵美子さんの父親、新田兼市さんが店を始めたのは、戦後すぐのこと。ただ、最初は喫茶店ではなく、最中屋さんだった。さっそく「ママのおすすめ甘味」とある、大正浪漫パフェをいただいた。最中屋さんの時代からの味を受け継ぐ、恵美子さんのお手製、自慢のあんこがたっぷりかかっている。

恵美子さんは、中学生の頃から、お店に顔を出すのが好きだったそうだ。その度に兼市さんから「引っ込んでおけ」と言われたが、根っから客商売に向いていたのだろう。他の姉妹はお嫁に行ったが、恵美子さんだけは父親の跡を継いだ。

「ここにいるとね、世界中の人とお友達になれるの」と嬉しそうに恵美子さん。最近は、韓国や中国などの近隣の国だけでなく、ヨーロッパや北米からも観光客がやって来る。その度に恵美子さんは身ぶり手ぶりで切り抜け、あとは英語のできるお嬢さんを呼んで対応するそうだ。つい先日も、道後温泉に行きたいというフランス人一家を、お嬢さんが案内したばかり。

恵美子さんはとにかく底抜けに明るい。大好きなカラオケに話が及ぶと、ますます声を弾ませ、「娘のミニスカートはいてね、こうして踊りながら、歌うんですよ」と、ちょっと恥ずかしげにしなを作りながら、歌う真似を披露してくれる。きっと、恵美子ママ目当てでこのお店に通うお客も、多いのではないかしら？　恵美子さんには、たとえ百歳になっても、道後のアイドルでいてほしい。

もちろん、若い人達だって、負けてはいない。松山は今、空前のカフェブームだ。大都市よりも手軽に店を開業できるせいか、あちこちに新しいカフェができている。しかも最近は、中心部が飽和状態となり、郊外に誕生するケースが目立つ。一度は松山を離れたものの、外の世界でさまざまな文化を学んだ若者達が、再び松山に戻って故郷に新しい風を送り込んでいるのだ。

「サロン・ドゥ・エミュ」もそのひとつで、土地を探し、一から自分達の理想とする建物を作り上げたという空間は、まるでオーナーである河野夫妻の宝物箱のようだった。町中とは趣の異なる牧歌的な雰囲気を求め、のんびりとしたお茶の時間を楽しむ人達の憩いの場所になっている。

三日目、旅の最終日の朝はおはぎが有名な甘味店「みよしの」へ。店に入った瞬間、なんだか懐かしい気持ちになった。現在は、杉野史枝さんのお嬢さん、中沢朱花さんが暖簾を守っている。

先代の史枝さんがみよしのを始めたのは、昭和二十四年のこと。終戦後で物資の乏しい時代だった。戦争中にご主人を亡くし、女手ひとつで子供達を育てるため、闇市で砂糖や小豆を仕入れ、バラック小屋のような建物からスタートした。二、三回移転した後、半世紀以上この地でみよしのを営んでいる。

「内装もボロボロなんですけど、昔来たお客さんが、あの頃と同じだって喜んでくださるものですから」白く上品な割烹着に身を包む朱花さんが、柔らかく微笑んだ。

　明治生まれの先代は常々、「うちのあんこは日本一」と言っていたそうだ。朱花さんが、勉強のためによそのおはぎを買ってきても、食べんでもわかると言い張り、絶対に口にしなかった。あんパンや大福も、あんこだけは自分の店のものと入れ替えてから食べていた。

　二〇〇〇年頃からは朱花さんがおはぎ作りを受け継いだので、先代は入り口に座って会計を担当、亡くなるひと月前の九十六歳まで、店のカウンターに入った。最晩年は、何も食べられなくなったというが、みよしののおはぎだけは、少し口にすることができたという。病院のベッドで、「私もあとから（店に）行くからね」という言葉を残し、きれいに旅立った。

　店の入り口に飾られた写真の前には、好物のゴマとこしあんのおはぎが供えられていた。今でも、日に何人かは、おばぁちゃんは？　と店を訪ねる。「今日も、取材の人が来てくれて、おばぁちゃん、きっと喜んでくれていると思いますよ」穏やかな口調で楚々と語る朱花さんの言葉が、胸にじんじんと染みてくる。

店の奥にあるテーブル席で、名物の五色おはぎをいただいた。粒あん、こしあん、ゴマ、きな粉、青のり、それに昆布の佃煮。これで、一人前である。彩り鮮やかな見た目の美しさに、目と心を奪われた。目の前のひと皿から、作り立てならではの馥郁とした香りと共に、先代の面影が立ち上ってくる。明治、大正、昭和、平成と、時代を繋ぐ珠玉のおはぎだ。母親の残した店を慈しむように守る朱花さんの姿が、清らかで神々しかった。

結局、店と言っても人なのだ。先代から受け継いだ喫茶店を守る女性達も、故郷に新しい文化の風を吹き込む若者達も。それぞれの店には、その店を作り守って育んできた人達の、歴史や物語がある。だからこそ、その店ならではの温もりがある。温もりを求めて人が集えば、そこにまた新たな文化が生まれてくる。

余韻を胸に、一路、梅津寺へ。松山市の中心部から、伊予鉄道で十八分、海岸に辿り着く。駅を降りるとすぐ目の前が砂浜で、昔はここが、松山っ子の海水浴場になっていた。この海岸の一角に、「ブエナビスタ」がある。

海の家を思わせる手作りふうの店内からは、瀬戸内の島々を優しく見守るように、海と空が続いている。その景色と向き合っていると、ここが世界と繋がっていることを実感した。また、読みかけの『坂の上の雲』を開く。すぐ近くにある三津浜港は、かつて交通の便が船しかなかった時代、松山の玄関口だった所。小説に登場する秋山好古も真之も、正岡子規も、この海から出発したのだ。当時彼らが目にしていた景色を、私も今、見ているのかもしれない。そう思うと、ほのぼのと喜びが込み上げてくる。波の音を子守り歌のように聞きながら、思う存分、のんびりしよう。帰りの飛行機が飛び立つまでは、まだまだたっぷり時間がある。

にぎやかな通りを一本入ると
江戸情緒たっぷりの
ゆったりとした時間が流れています。
まずは、天神様に御挨拶。
着物姿で湯島の路地裏を
お土産を買ったり、晩酌をしたりと
カランコロン。

東京都湯島

路地裏を歩く

湯島は、好きな町のひとつである。

天神下の交差点の向こうは、上野。その猥雑《わいざつ》な雰囲気と隣り合っているにもかかわらず、湯島には、さらりとした気品のある空気が流れている。

湯島天神といえば、菅原道真公がこよなく愛した梅である。二月三月の盛りが麗しいのはもちろんのこと、新緑が眩しく映える五月もまた、ひときわ美しい。

忘れてならないのは、梅雨の季節だ。ぷっくりと膨らんだ実がたわわにみのり、境内は芳《ほう》醇《じゅん》な甘い香りに満たされる。近所の人たちは、この梅で、梅干しや梅酒を作るとのこと。うらやましいので、きれいな実を一粒選んで、そっと着物の袖にしのばせた。

まずは、軽く腹ごしらえを。「鳥つね」は、天神様の門前に店を構える、大正元年創業の老舗《しにせ》鳥料理店である。名物の親子丼は、きりりとした味付けが印象的で、卵のとろみ加減が絶妙だった。

心地よくおなかが満たされたところで、今度は気の赴くままに歩いてみる。東大の敷地をぶらぶらと散策するもよし。旧岩崎邸で、古き良き明治の名残を味わうもよし。お天気が良いのなら、ちょっと足を延ばして不忍池へ行くのも良い。初夏、この池は蓮《はす》の花でいっぱいになる。

喉が渇いたら、ちょっとひと休みしたい。「つる瀬」は、天神下の交差点に店を構える、年中無休の和菓子店だ。ショーケースには、あんみつや葛餅など、涼しげなお菓子が、よりどりみどりで並んでいる。

洋菓子派の人には、「ＴＩＥＳ」がある。春日通りの坂を上り、消防署のあるちょっと手前。落ち着いた雰囲気のカフェで、マスターが淹れてくれるオールドビーンズのコーヒーがしみじみおいしい。手作りのケーキがまた、しみじみおいしい。

お土産を求めるなら、「ＴＩＥＳ」から目と鼻の先、江戸あられの「竹仙」がお薦めだ。ご夫婦二人だけで、三十年以上続けてきた。驚いたことに、値段は創業当時と変わらない。だから、土日も盆も正月も、三百六十五日休みなくせっせと働いている。湯島には、こんなふうに正直でまっとうな、いいお店が星のように点在する。だから、歩いているだけで楽しい。

江戸あられを買ったついでに、江戸文字のお店を覗いてみた。橘右之吉さんは、江戸文字、寄席文字の第一人者だ。

戦時中、家が浅草から谷中に疎開したため、右之吉さんは谷中で産声を上げた。

少年時代は、浅草の銭湯に通い、そこで「ビラ下」と呼ばれる無料の招待券や入場券を手に入れては、芝居や寄席を見に行った。次第に、寄席の世界に魅せられていく。子供の頃の右之吉さんは、好きな噺家《はなし》の名前を、見よう見まねで書いていた。

だが、父親は鳶頭《とびがしら》。母親は、鳶のおかみさん。となれば当然、右之吉さんの将来は見えてくる。ところが、右之吉少年は、高い所が苦手、重たい物も持てない。そんな息子に、両親は言ったそうだ。

「好きなことをやった方がいい。でも、いい加減に書いていたらダメだから、きちんと師匠につきなさい」と。

こうして、右之吉さんの書家としての人生が本格的にスタートした。以来、四十四年、江戸文字を書き続けている。

江戸文字には、それぞれに意味がある。たとえば、文字のかすれを強調するヒゲの数は、三本、五本、七本と、割れない奇数と決まっている。今日より明日、明日より明後日が良くなるように、必ず右肩上がりにしたためる。柘板《つげ》に何度も何度も重ねて漆を塗るのは、名を上げるという意味。文字をみっしりと詰めて書くのは、お客さんがたくさん入るように。

なるほど、聞けば聞くほど、奥が深い。似たようなことは、パソコンでもできる。けれど人が気持ちを込めて書く文字と、パソコンが機械的に打ち出す文字とは、似て非なるもの。右之吉さんは、手書きの字には言霊《ことだま》が宿るとおっしゃった。

時計の針が夕方の四時を過ぎたところで、いざ「壺中《こちゅう》」へ。私が今ふたたび湯島に夢中になっているのも、この壺中がきっかけだ。電話もない、看板もない、日本酒の熱燗《あつかん》だけを扱

う、ひっそりとした素敵なバーである。

番頭さんの神田實祐さん、お燗番の伊藤理絵さん、お二人の醸す雰囲気がとてもいい。カウンター八席だけのお店には、緊張感と安定感がちょうどよいバランスで保たれていて、品良く、粋に日本酒を飲むのに、うってつけの店なのだ。

お酒を注文すると、理絵さんが丁寧にお燗をつけてくれた。京都で誂《あつら》えたという美しい銅壺《どうこ》は、見ているだけでため息が出る。それぞれの日本酒の個性に合わせて、一番良いと思われる温度で燗をつける。壺中では、にごり酒も同様だ。

「お酒だけは、たくさん飲んでおりますので」

そう意味深げに楚々《そそ》とほほ笑むお二人は、日本酒好きが高じて店を開くに至った。本当に、日本酒のおいしい飲み方を心得ていらっしゃる。神田さんがさりげなく奥から出してくださる肴《さかな》がまた、気がきいている。毎回、脱帽なのである。

何しろ、夕方の四時からお酒を飲む、というのが最高なのだ。ちょっと後ろめたいような、でもちょっと自分に対するご褒美のような、そんな贅沢な時間を思う存分、満喫することができる。

店をおいとましても、まだ外が明るかった。さてと、二軒目はどうしようかな。

寒い季節なら、「鳥栄」を予約して滋味あふれる鳥鍋もいいけれど、夏だったら、このまま坂を下りて、「シンスケ」で冷たいビールで一杯やるのもいい。上野の方まで足を延ばせば、草履屋さんを改装してつくった新しい居酒屋、「玉響」もある。

　でも、どこへ流れるにせよ、やっぱり天神様に立ち寄って、〆にもう一度ご挨拶をしたい。境内には、三つの坂がある。急な階段の男坂と、緩やかなスロープの女坂、そして賑やかな春日通りへと繋がる夫婦坂だ。どの坂を通るかは、その日の気分次第で決めるのが面白い。

　やっぱり今日は、女坂を下って、坂下の魚屋さんで西京漬けでも買って帰ろうかしら。袖にしのばせておいた梅の実が、まだほんのりと、甘い香りを放っていた。

私たちの体を優しく包んでくれる
うっとりするような肌触り。
お蚕様が飲まず食わずで繭をつくり、
人がそれを寝ずの番で見守ります。
命と命の神秘的な営みが、
まばゆいばかりの絹糸を生み出します。

群馬県富岡

日本の絹に触れたくて

小学生のとき、家で蚕を飼ったことがある。はじめは芥子《けし》の実ほどの点でしかなかった黒い蚕が、餌を食べるごとに成長する。蚕は、桑しか食べない。桑はすぐに萎《しな》びてしまうので、こまめに採りに行っては、新鮮な葉っぱを与えていた。

耳を澄ますと、ひっきりなしに桑の葉を食む音が聞こえてくる。それは、さらさらと降るお天気雨のような優しい響きで、蚕のふわりとした柔らかい感触と共に、記憶の底に残っている。蚕は、四週間で四回眠り、四回の脱皮を繰り返すことで、体が膨らむように大きくなる。

やがて蚕は、透き通るほどに白くなり、餌を食べなくなった。そして、ある時いっせいに糸を吐き始めた。格子状に分かれているお菓子の空き箱に入れてやると、蚕たちはそれぞれの部屋に繭を作る。最初は薄いベール状だった繭が、数日後には、立派な白い壁のようになっていた。

一頭の蚕が繭を作るために吐き出す糸の長さは、平均すると一・三キロメートルだ。その間、一度も途切れることなく糸を吐き、繭を作り上げる。この繭は雨も風も通すことなく、従って水に入れても、ぷかぷかと表面に浮かび上がる。

この繭から糸を取り出すのが、繰糸である。ただ、一口に糸を取り出すといっても、蚕の吐いた糸を生糸にするには、高度な技と、多くの手間がかかる。

日本で本格的に器械を使って繰糸が行われるようになったのは、明治維新後のこと。外国との貿易が盛んになってからだ。外貨獲得のため、真っ先に挙げられたのが生糸だった。そこで、質のよい生糸を大量に作る目的で建設されたのが、富岡製糸場である。フランス人指導者のもと、明治四年から建設が始まり、翌年から操業を開始。およそ百十五年間、休みなく操業を続け、上質な生糸を生産した。

操業時、働き手として全国から集められた士族の娘は、工場内の寄宿舎に寝泊まりし、一日八時間弱の労働をこなした。日曜日は休み、読み書きなどの教育や医療も受けられるというのは、当時としては、かなり恵まれた環境だったという。

一、二年をかけて製糸技術を学んだ彼女たちは、再び故郷に戻り、学んできた技術を更にまた伝えるという役割を果たした。こうして全国に、富岡製糸場を模範とする、新たな製糸場が誕生、製糸業はますます隆盛をきわめたのである。

最盛期の一九三〇年代は、世界市場の八割を、日本の生糸が独占したというから、いかに日本の生糸がもてはやされたかが想像できる。しかし、新しい化学繊維が開発されたり、安価な中国製が台頭するなどした結果、日本製は売れなくなった。製糸場の数も激減し、現在、群馬県では安中市にある碓氷《うすい》製糸農協、たった一軒のみ。市場に出回っている純国産の生糸の多くが、ここで作られている。

実際に製糸の現場を見せていただく。繰糸場のドアを開けた瞬間、中の蒸気と繭を煮る独特な臭いに驚かされた。煮繭《しゃけん》された繭はたっぷりと水分を含み、糸がほぐれやすい状態になっている。その繭の表面を、稲の穂先から作ったミゴ箒《ほうき》と呼ばれる小さな箒状のもので擦ると、やがて糸の先端である「糸口」が現れる。稲の穂先にある芒《のぎ》と呼ばれる小さな突起が、糸口を探しやすくするらしい。そうやって糸口を見つけ出し一本になった糸を、作る生糸の太さに合わせて、数本ずつより合わせていくのが繰糸である。この時、途中で切れたり節ができた部分を取り除くのが、女工さんの仕事となる。そういう箇所を見つけては、素早く丁寧に糸を継ぎ足す。小枠に巻き取った生糸は、更に乾燥させながら大枠に巻きつけ、綛《かせ》と呼ばれる生糸を作る。この一綛分を四綛並べ、それを同じように五段重ねてひとかたまりにしたものが一括となり、出荷できる状態となるのだ。これが、「一括」という言葉の語源である。

碓氷製糸では、繭の内側と外側の糸は使わず、中間部分のきれいな糸だけを使って、生糸にするそうだ。薬品を使えば、蚕が吐き終える寸前の内側の細い部分や、汚れがある外側の部分も、生糸にできる。けれど、そこまで使ってしまうと、切れやすくなり、品質が低下する。

国産の生糸が優れている理由は、そこにある。そして、碓氷製糸の周辺に流れる、いくつ

もの川。その水をふんだんに使うからこそ、優れた生糸ができるのだ。

ただし、選繭《せんけん》の段階ではじかれた繭や、「きびそ」と呼ばれる糸くずもまた、別の方法で加工され、ストールなど風合いをもつ製品の原料となる。もちろん、最後に残った蛹《さなぎ》もまた、釣り餌になったり、佃煮《つくだに》になったりと、最後まで、命が無駄なく継承される。すべて糸を吐き出した後の蛹は、両手を合わせ、座って合掌をしている仏様のようだった。私にはその姿が、健気で愛おしく思えた。

碓氷製糸の近くで、代々養蚕業を営む上原高好さんに話を聞いた。上原さんは、蚕が繭を作り始めると、寝ずの番で、蚕を見守るそうだ。かつてはこんなふうに、お蚕様と人間が、共に暮らしていたのである。蚕は、飲まず食わずで二昼夜をかけ繭を完成させると、繭の中にこもって脱皮し、蛹となって十二日間を過ごす。

緑色の桑の葉が、蚕の体内で消化され、やがて透き通るような細い糸となって吐き出され、製糸されたのち生糸となって生まれ変わる。更に、精練して生糸の表面についているセリシンというタンパク質を除くと、張りと艶のある絹糸になる。

それが反物になり、着物になり、私たちの体を包んでくれるのだ。この命と命の神秘的な営みを目の当たりにし、感嘆せずにはいられなかった。

日本が近代化を成し遂げる、大きな柱となった生糸。それを支えたのは、全国各地にいた数多《あまた》の養蚕農家と、製糸場、そして女工さん達だ。今、純国産の絹糸は、市場に出回っている絹全体の、僅《わず》か一パーセント。おいそれとは身に着けられないのが現実だ。けれど確かに国産の絹は、身に着けていて気持ちがいい。

一枚の着物には、およそ二千五百頭もの蚕の生涯が含まれている。もしもこの蚕がすべて国産だったら、着物に袖を通す喜びもまた、ひとしおかもしれない。

旅先で頂く珍しい食材や
記念日に行くおしゃれなビストロも
大好きだけれど、帰るところは
笑顔と愛情いっぱいの
食卓でのいつものごはん。
「いただきます！」

町で暮らす

春の息吹　びゅんと心に

春は筍《たけのこ》。今か今かと八百屋さんの軒先をチェックして、新鮮な地物が並ぶのを静かに待つ。筍は、ゴージャスな分厚いコートを何枚も重ね着しているようなものだ。固い皮を纏うことで、冬の間、土の中でじっと寒さに耐えてきた。だから、家に連れて帰ったら、そっとコートを脱がせてあげる。皮を剝がす時の、パカッという音が好き。

筍には独特のえぐみがある。それを、米糠と唐辛子を加えたお湯で湯がき、そっと美味《おい》しさを引き出していく。

春は、物事の始まりの季節。冬の間に手足を強《こわ》ばらせて心にぎゅっと蓄えたエネルギーを、ぐーんと大きく解き放つ時。

私は、筍が丸ごと体に入って、それがぐんぐん空に向かって生長する姿を想像する。実際には細切れとなって体に吸収されるのだけど。高く高く背が伸びて、青空に手が届きそうになる。筍には、未来へのエネルギーがぎっしりと詰まっている。

湯がき立ては、そのまま齧るとじんわり甘い。春の息吹が、びゅんと心に吹き込んでくる。筍みたいに背筋を伸ばして、新たな世界へ、第一歩。

春の朝と希望の卵かけご飯

　朝は鶏の声で目を覚ます。家から歩いて三百歩。この春から暮らしている集合住宅の近くに鶏を飼っている農家がある。

　顔を洗い、まずは玄米を家庭用精米機で精米する。お米は山形から届く無農薬米で、米糠は煎ってから糠床へ加える。お米を研いだら文化鍋に入れ火にかける。沸騰したら弱火にして二十分。その間新聞に目を通す。

　そして火を止めてご飯を蒸らしている間、私は卵を買いに行く。これが私の理想の朝。

　庭を歩き回る母鶏達に礼を言いつつ、愛用の紙パックに入れ、大事に持って帰ってくる。わくわくしながら殻を割ると、中から眩しいほどに光り輝く黄身と、胸がすくような澄んだ白身が現れた。「希望」を形にしたみたいだな、と思う。

　艶々《つやつや》と光る炊き立てのご飯に、よく溶いて醬油を加えた黄金色の卵をたらり。実はこれが、私にとって生涯最期に食べたい食事でもある。

　朝からきちんと卵かけご飯が食べられた日は、心にきゅっと気合いが入る。「希望」をいただき、今日も一日悔いなく生きようと思えるのだ。

究極のマリアージュ

ココ・ファームから新緑の便りが届いた。箱を開けると、かすかに漂う甘やかな香り。芽かきという作業によって落とされた、葡萄の葉っぱである。

栃木にあるココでは、障害のある人達が支援者らと共にワイン造りを行っている。彼らが生み出すのは国産のオーガニックワインで、味・品質共にとても評価されている。ひがな一日烏除《からすよ》けのドラを鳴らす人、草むしりをする人、笑う人、怒る人。ユニークな人達がたくさんいて、それぞれの役目を担っている。およそ効率化とは対極にある手作業で、けれどだからこそ時間と愛情をたっぷりかけ、唯一無二のワインが誕生する。

そうだ、今夜はとっておきの一本を開けよう。よく冷やしたスパークリングワインに、葡萄の新芽のフリッター。同じ畑で育った者同士、味が合うに違いない。私はちょっと贅沢をして、粉を溶く際もほんの少しワインを混ぜてみた。それを高温の油でカラリと揚げ、パラパラと塩をまぶして食卓へ。ほろ苦く、酸味があって癖になる味だ。これぞ究極のマリアージュ。本物の贅沢である。

甘いも苦いも両方あるから

泣きたい気持ちがすぐそこまで迫っているのに、上手に涙が零れない。そんな時、お茶のお稽古《けいこ》に顔を出した。

久しぶりに足袋裏が畳を擦る感覚を思い出す。床の間のお軸には「山是山水是水」、花器にはムクゲ。私が霧の中を彷徨っている間、季節は限りなく夏に近付いている。

出されたお菓子は、焼き葛《くず》。羊羹《ようかん》風の四角いお菓子だ。懐紙に取って楊子《ようじ》をさすと、柔らかいのかスーッと切れた。口に運ぶと、奥ゆかしい甘さがじーんと響く。それは私の体に波のように広がって、津々浦々にまで伝わっていく。

お菓子をいただいてから、お点前を頂戴《ちょうだい》する。抹茶は一際《ひときわ》美しい翡翠《ひすい》色をし、ふっくらと細やかな泡が盛り上がっている。

今度はぐっと苦みを感じた。けれど、ゆっくり二口目を味わうとほんのりとした甘さも感じる。私は草原でそよ風に吹かれているような気持ちになった。

甘いのも苦いのも両方あるから美味しく感じるのだ。甘いだけでも苦いだけでも味気ない。疲れた時はいつでもおいでと、お茶の神様がほほ笑んでいた。

手のひらこそ魔法の調味料

塩むすびを作るのが好きだ。あらかじめ握って専用の籠《かご》に入れておくと、子供やお酒を飲まない人は最初からつまめるし、お酒を飲む人も最後のシメに食べられる。作ってから少し時間が経《た》ち、しっとりと落ちついた塩むすびは、しみじみと味わい深い。口に入れた瞬間、ふわりと肩の力が抜けて、頬が緩む。

コツは、お米を炊く時に昆布と日本酒少々を加えること。そして、熱くても我慢して炊き立てのご飯を握ること。私が塩むすびに使っているのは能登の塩で、手水《ちょうず》にも昆布水を使う。手にご飯を取ったら、中央に具をのせるつもりで指先につけた塩をチョンッと。あとは迷わず一気に結ぶ。食べやすいよう、小さめのサイズに握っておく。

けれど、なんといっても一番の隠し味は「手のひら」だ。人それぞれ持つ乳酸菌が違うから、手で握るだけでその人の味になると、何かの本にあった。手のひらこそ、魔法の調味料だ。

いつもありがとう。がんばってね。お疲れ様でした。まるで手紙を書くように、白いご飯をこの手に包んで形にすれば、きっと想いは伝わるだろう。

キラキラ眩しいレモンティ

この夏、富士登山に挑戦した。ヘッドランプの明かりを頼りに、暗闇の中をひたすら登る。だが、行けども行けども九合目に辿り着かない。八合目は出口の見えないトンネルのようで、長く苦しかった。雨が激しくなり、横殴りの風も吹き荒《すさ》ぶ。酸素不足のせいか頭が重い。急遽《きゅうきょ》、山小屋で一休みすることに。紅茶を頼み、すがるように一口飲む。その瞬間、遠い記憶が甦《よみがえ》った。大きな缶に入っていた粉末状のレモンティ。それと同じ味が、体の芯を流れ落ちる。甘さが染み渡り、飲み干す頃には頭痛や息苦しさもなくなっていた。勇気をもらい、再び暴風雨の中へ。

その紅茶は、幼い頃によく姉が出してくれたものだった。お湯を注ぐだけのインスタントだが、甘酸っぱくて、熱いのを我慢しながら慌てて飲んだのを覚えている。私は頂上までの道すがら、まるで姉に手を引かれているような気分だった。

結局、ご来光どころか頂上からの景色すら見られなかった。けれど朦朧《もうろう》とした意識の中、あの紅茶だけが、今でもキラキラと眩しげな色を放っている。

一枚六十円の贅沢

この半年、お揚げの憂鬱《ゆううつ》に悩まされてきた。原因は、隣町に引っ越したこと。それまで、お揚げは近所の豆腐店で求めていた。典型的な町の豆腐屋さんで、両親と、たまに娘、息子も店を手伝う家族経営の店だ。注文すると必ず「開くの？」と聞いてくれるのも嬉しかった。カリッと焼くだけでも良し、短冊に刻んで甘辛く煮ても良し、酢飯を包んでも、ひじきの具としても良し。お揚げは私の料理に欠かせない万能選手だ。

けれど、その店のお揚げが特別だったと気づいたのは、引っ越してから。近所にも四軒ほどお揚げを扱う店があるが、どれも微妙に味が違う。油っぽかったり、厚すぎたり、パサパサしていたり。しっとりとした肌触りの、ティッシュのように前後二枚が寄り添うようなお揚げは、あの店ならではだったのである。作り手によってこんなに違うとは。お揚げ、恐るべし。

結局、理想のお揚げを求め、隣町まで自転車を走らせ、また贔屓《ひいき》の店に通うようになった。一枚六十円の贅沢を求めて。唯一無二の、作り手同様、じんわり優しい味なのである。

離島で出あった淡雪

一日一便、船の往来を見守る離島の港。その一角にターミナル食堂がある。事務所かと間違うほどの簡素なドアを押すと、窓の向こうに青い空。カウンターが数席だけの、手作りの店だ。

ゆし豆腐定食を頼んだ。よく陽《ひ》に焼けた顔が印象的なお母さんが、てきぱきと料理を準備する。聞けば、夫婦で豆腐店を営んでいるとか。夜中の三時から豆腐を作り、朝九時から食堂に出てお昼の営業、午後数時間だけ休んだら再び夜の営業である。

出来たばかりのふわふわとしたゆし豆腐は、沖合まで行って汲《く》んできた海水をにがりとして使っているとのこと。淡雪のように柔らかく、何よりもスープが絶品である。すっかり言葉を忘れるほどの感動だった。

何か特別なダシを使っているのかと聞くと、「これよ」とお母さんが見せてくれたのは、粉末のだしの素。付け合わせのキムチも美味しいので尋ねると、即席のキムチの素を自慢した。

そして私は気がついた。インスタントも、その人が愛情を持って使えば、それは魔法の隠し味になるんだなって。ゆし豆腐を食べにまたあの島に行こう。

「幸せ食堂」の最後には……

親しい友人から食事会の誘いがきた。料理を生業《なりわい》にしている夫婦が、自宅に招いてくれたのである。そこは私の大好きな「幸せ食堂」。まずは囲炉裏で、赤く燃える炭に翳《かざ》し、蕪《かぶ》、大根、殻付き牡蠣《かき》、そして果物の柿と、じっくりゆっくり焼いてくれる。

まだまだ夏のような気分でいたら、もうすっかり冬なのだということを、目の前の旬の食材が教えてくれる。わがままを言い、新島産のくさやも焼いてもらった。それから今度は和室に移り、カリフラワーのポタージュを。じーんわり。体と心の凝りが解《ほぐ》れる。リクエストに応えて、じゃが芋のキッシュと薩摩《さつま》芋の姿揚げも出してくれた。料理の隅々にまで、愛情が満ち溢れている。最後のグラタンと白和《しらあ》えも絶品だった。

満腹のおなかをなでたところで、室内の照明が落とされ、ケーキの登場。友人たちが、バースデーソングを歌ってくれる。なんと、サプライズの誕生日祝いだったのだ。ふーっと息を吹きかけて、蠟燭の明かりを一気に吹き消す。こんな立派なバースデーケーキ、子供の頃以来だなぁ。あぁ幸せ。ありがとう！

運勢占う黒豆の出来は……

お正月の楽しみは、何と言っても美味しいお節。私も毎年、ささやかだが自分で作っている。中でも、気を張るのが黒豆だ。適当な作り方をしてしまい、何度失敗したことか。ある年は砂糖を入れた瞬間に硬くなり、ある年は煮汁が少なくてしわしわになり。黒豆が上手に炊けないと、年明け早々しょんぼりしてしまう。私にとって黒豆は、その年の運勢を占うと言っても過言ではない、大事な食べ物だ。

今年は特上品の丹波の黒豆を用意した。土井勝さん流に、砂糖、醤油などで味付けした熱い煮汁をかけ、一晩じっと待つ。翌朝、豆は水分を含んでかなり膨らむ。わが家では、錆釘《さびくぎ》の代わりに愛用する鉄瓶の蓋を入れ、数日かけて弱火でコトコト。黒豆は、決して急いで作らない。

さて結果は？　見た目は美しい宝石のよう。ふっくら艶やか、まるでアイロンをかけたように皺《しわ》ひとつない。口に含むと、柔らかすぎず、豆らしい歯ごたえをほんのり残す。上出来だ。人生史上、最高得点の黒豆かもしれない。たかが黒豆、されど黒豆。今年もなんだかいい年になりそうな気分になってきた。

居酒屋で自分にお年玉

寒風吹きすさぶ夕暮れ時、思わずふらりと暖簾をくぐる。昭和十一年創業、酒学校の異名を持つ老舗居酒屋だ。粗相のないよう、背筋を伸ばして戸を開ける。カウンターは厨房に向かって凹の字を二つ並べたような形。右側は常連さん、左側は新参者と暗黙のルールが決まっている。

新参者の末席に腰を落ち着け、まずは温かいウーロン茶と名物の胡麻豆腐を。あまり飲めない私が女の一人居酒屋を嗜《たしな》む理由は、味の良い酒の肴。常時八十種類ある。他では決して味わえない濃厚な胡麻豆腐を愛おしみつつ、手書きのメニューに目を凝らす。周囲を見渡し、アレもコレもと気になるが、結局は豚の角煮と飛竜頭、里芋煮。進歩せず、ついつい同じ物を頼んでしまう。

それにしても、見渡せばみんな笑顔だ。今夜この空間に身を置けることを心から喜んでいる。悪酔いも悪口もない。ほのぼのと、素敵な映画を共に見ているような一体感が漂っている。

ウーロン茶でほろ酔いになり気が大きくなったのか、ふぐの唐揚げを追加注文。世知辛い世の中だから、居酒屋でほんの道草。自分へのお年玉となった。

まもなくお別れ「納豆様」

時には敬意を払って納豆様とまで呼んでいたわが家の納豆。豆の一粒一粒に、ぎっしりと大地の味が詰まっている。近所の豆腐店で見初めて以来、納豆様一筋に、毎日食べ続けてきた。ところがこの納豆、春以降食べられなくなってしまうという。設備の老朽化が進み、製造を続けることができなくなってしまったらしいのだ。居ても立っても居られず店を訪ねた。

都庁の近く、入り組んだ路地を迷いながらやっと辿り着いたお店は、確かに外から見ても大分年季が入っている。迎えてくれたのは、頭に手拭《てぬぐ》いを巻く粋なご主人。納豆様の生みの親だ。

親子二代、六十年間納豆を作り続けてきたとのこと。大豆は、先代より大粒の十勝秋田を使い、水で戻した豆を圧力釜で蒸し上げる。今はステンレス製の釜が主流だが、こちらのは先代が味噌屋さんから譲り受けた鉄製の物。この鉄釜による強い圧力が、豆に柔らかすぎない微妙な歯ごたえをもたらすらしい。

納豆様を頬張れるのも一月《ひとつき》弱。蜜月の終わりを噛《か》み締めながら、心して味わおう。正真正銘、珠玉の手作り納豆である。

砂漠で飲み干した火の玉

極寒のモンゴルに行って来た。ウランバートルからシベリア鉄道に乗り、目指すは東ゴビ県の中心、サインシャンダ。モンゴル人にも人気の観光地だ。

未舗装の道なき道を約一時間、砂漠に到着する。薄青い空の下、三百六十度視界が拓《ひら》け、遠く、地平線まではるばる見渡せる。蜃気楼《しんきろう》が起こり、まるで向こうに海が広がっているようだ。

砂丘の頂上まで登り、砂の上にごろりと横になる。雲間から光が降り注ぎ、天気雨のよう。その下を駱駝のキャラバンが連なり、ゆっくりと歩いて行く。

目を閉じて太陽の光を感じていると、ガイドさんがウォッカをくれた。遊牧民に教えてもらった正式な飲み方で、空の神様、水の神様、土の神様にそれぞれ感謝の祈りを捧《ささ》げてから、きゅーっと一気に飲み干してみる。数秒後、火の玉が喉元《のどもと》を通り過ぎ胃で爆発するような感覚がやってきた。体中に火花が散り、頭のねじがふわりと緩む。

再度、砂の上に大の字になった。なんという幸せだろう。強力なアルコールのせいで、世界が一段と光り輝いて見えるのだ。

祖母と繋がる蕗のきんぴら

蕗の季節が巡ってきた。蕗を見ると、私は真っ先に祖母のことを思い出す。蕗のきんぴらは、生前の祖母に教えてもらった最後のレシピだった。もう、十五年くらいも前のことである。社会人になったばかりの頃、実家にいる祖母に蕗のきんぴらの作り方をたずねた。電話口で祖母は、丁寧に教えてくれた。そんなことを孫に聞かれて嬉しかったのか、声を弾ませていた。

はじめに下茹でをしてから薄皮を取り、食べやすい大きさに刻んでごま油で炒める。酒、みりん、醤油で味付けしたら、最後に七味唐辛子と鰹節《かつおぶし》を加えて味を調える。祖母が教えてくれたのは、基本的な作り方だった。

以来、春になって蕗が出回る度、私は必ず教えられた通りのレシピで作っている。けれど、いくら同じように作っても、どうしても祖母のような味にはならない。祖母が作る蕗のきんぴらは、全体に味がよく馴染み、柔らかく、口に含むと凝縮されたほろ苦い春の香りがした。

いつか祖母のような味が出せるようになるだろうか。蕗のきんぴらは、私と祖母を繋ぎとめる、大切なひと品なのである。

梅雨の季節　美しい笹巻

台所に敷き詰められた新聞紙。山のように盛られたもち米。艶々と光る熊笹《くまざさ》の葉。梅雨になると、思い出す光景である。

祖母と母とで、笹巻を作っているのだ。笹巻とは、私の生まれ育った東北地方に古くから伝わる保存食で、二枚の熊笹の葉っぱを用い、中にもち米を詰めて茹でたもの。美しい正三角形をしており、幼いながらに、その美しさにため息が零れた。

熊笹の殺菌力が功を奏するのか、湿気の多いこの時期でも驚くほど日持ちする。いただく時は、砂糖と塩で味付けしたきな粉をまぶす。朝ごはんやおやつに、一日に何個も食べていた。

大人になってから、ようやく自分でも笹巻が作れるようになった。二枚の熊笹の葉を組み合わせて三角形に整えたら、それぞれの角を押さえるよう、い草で留める。梅雨の晴れ間を見計らい、茹で上がった笹巻をベランダに干す。青空の下、爽やかな香りがパーッと広がり、私もやっと一人前になれたような、誇らしい気持ちが込み上げてくる。今年もまた笹巻を作る季節が巡って来た。梅雨の晴れ間の、ひそかな楽しみである。

無の境地で削る鰹節

数ヶ月前、新しい鰹節削り器を手に入れた。長年探し回って、ようやく出合えた一生物である。表からは見えないが、カンナの裏側には名前が刻まれている。美しい白木で作られており、見ているだけで惚《ほ》れ惚《ぼ》れする。

その、自分専用の鰹節削り器で鰹節をかくのが、目下、私の楽しみである。足は前後に軽く開いてバランスを取り、やや前屈《まえかが》みの姿勢になる。右手で鰹節の先端を持ち、左手は上から押さえるようにして圧を加える。そして、一気に刃の上を滑らせる。大袈裟《おおげさ》なようだが、心が騒がしい時は、上手にかけない。邪念を払い、精神を統一し、無の境地で削るのだ。カッ、カッ、カッ、カッ、とリズミカルに削れる時は、上出来な証拠である。

お浸しに良し、温かいご飯に良し。どんな平凡な食材でも、持ち味を最大限に引き出してくれる。中でも今一番のお気に入りは、パスタ。色とりどりのショートパスタを茹でたら、醬油、オリーブオイル、塩で味付けし、上からたっぷりすり下ろしたパルミジャーノ・レッジャーノと削り節をかける。これ、意外や意外に極上の一皿なのである。

土地の草で育った地球の味

今、夏のモンゴルにいる。原始的な生きる知恵を学ぶため、三週間、ゲルに泊まっての遊牧民短期留学だ。彼らにとって、育てた家畜を自ら解体するのは日常茶飯事。いつかこの目でその様子を見たいと思っていたら、ついにその日がやってきた。

解体が男性の仕事なら、内臓の処理は女性の腕の見せどころ。山羊の肉は温かいうちにという諺《ことわざ》があるほどで、手際良い作業が美味しさの秘訣《ひけつ》だ。内臓は、煮込んでホルモン鍋に。

翌日はばらしておいた肉を、ホルホクという伝統的な調理法で食べる。大きなミルク缶に、熱々にしておいた石と肉、ジャガイモを交互に重ね、再び缶ごと焚火《たきび》の中で燃やすのである。

実は、肉食があまり得意ではない。特に山羊肉は苦手だった。けれど、癖があると思い怖々口に含んだ肉は、全く嫌な味がしない。この土地の草を食べて育った、まさに地球の味である。

ウォッカがふるまわれ、草原には馬頭琴の音が響く。過酷な生活を送る遊牧民にとり、束《つか》の間の心安らぐ時間だ。この日はナーダムの祭り。遊牧民の幸福を、肉の味と共に噛みしめた。

プノンペン風唐揚げに夢中

初めてやって来たカナダのバンクーバーだが、予想外の美食の街で驚いている。移民の国だけに、世界各国のさまざまな料理が味わえるのだ。そのレベルが、すこぶる高い。連日、世界旅行をしている気分になれる。

中でももっとも多く通っているのがプノンペンレストランだ。カンボジアとベトナムの料理を出す庶民的な店で、いつ行っても長蛇の列ができている。広い店内には百人を超す客たちが集い、その賑やかなことと言ったら、誰かの結婚式のようだ。

ここの名物料理が、プノンペン風鶏の唐揚げである。ほとんどの客が注文する人気メニューで、他のテーブルで食べている姿を見てしまうと、つい毎回、注文せずにはいられなくなってしまう。よほど時間をかけてじっくりと揚げているのだろう。外側の衣は香ばしく、中の肉はジューシーだ。甘酸っぱいレモン味のたれが、食欲を刺激する。

気がつけば、会話も忘れ夢中で肉に齧りついている。日本へのお土産にこの唐揚げを持って帰ったら、どんなに喜ばれるだろう。バンクーバーで出会った、遠い国のおふくろの味である。

恋い焦がれた夏のうどん

七月はモンゴル、八月はカナダのバンクーバーと、この夏は日本を離れる時間が多かった。それぞれ、その土地ならではの美味しい食べ物をいただいた。けれど、やっぱり懐かしくなるのは日本食である。食材を持ち込み現地で作ってみたものの、水が違うせいか、日本で作るような味わいにはならなかった。

中でも、日に日に恋しくなったのがうどんである。薫り高いダシ汁に泳ぐ、つるつるとした喉越しの真っ白い麺が、妄想のように私の頭を支配するのだ。

帰国早々、行きつけのうどん屋さんに飛び込んだ。名物のゴボウ天うどんを注文し、待つこと数分。どんぶりに入った、熱々のうどんが運ばれてくる。

まずは汁を一口。これだ、これなのだ。昆布と鰹が渾然《こんぜん》一体となった上品な和風ダシを、夏の間中欲していたのだ。続いて麺を吸い上げる。その瞬間、体が雄叫《おたけ》びを上げそうになる。一刻も早く一つになりたいようなもどかしさが込み上げてきて、気がつくと、我を忘れて食べていた。どんぶりに残った最後の汁を飲み干しながら、日本人に生まれた幸運に心底酔いしれた。

森が育んだ素敵なギフト

人生初のキノコ狩りである。場所は、再びのカナダ、コロンビア山脈。世界でもっともキノコの種類が豊富な場所だという。

森の中へ入ると、雨上がりの湿った空気が心地よかった。地面がふかふかと柔らかい。極上の絨毯《じゅうたん》の上を歩いているようだ。折り重なる倒木の表面は鬱蒼と苔《こけ》むし、川のせせらぎには冷たく清《す》んだ水が流れている。

マッシュルームサファリと言うだけあり、そこここにキノコが顔を出していた。めらめらと光りながら毒々しい空気を放つキノコ、貴婦人のようにひっそりと顔を出す白いキノコ。

カナダの人達はキノコを目で楽しむそうだ。けれど日本人としては、舌で味わいたい。お宝を探すべく、深い森の奥へと分け入った。身を屈《かが》めて探すうち、次第に無心になっていく。

ようやく見つかった白い松茸は、すっかり笠が開き、ずっしりと重たかった。香りはふくよかで、ほのかに甘い森のよう。宿に戻り、お吸い物にしていただいた。キノコは、長くても一週間の命。森が恵んでくれた素敵なギフトは、一陣の風のように、さらりと体を吹き抜けた。

湯豆腐、これぞ冬の醍醐味

今年もあっという間に一年が過ぎ、気がつけば師走。温かい食べ物が恋しい季節になった。となれば、鍋である。鍋と言われて真っ先に思い浮かぶのが、豆腐。しかも脇役ではなく、主役としての湯豆腐だ。一片の昆布を泳がせた鍋に、真っ白い豆腐がふわりふわり。優雅にステップを踏むくらいの火加減にし、決して煮立たせない。他には旬の野菜を少しだけ。あくまでもメーンは、豆腐である。

ただ、ここで一つ問題がある。同じ豆腐でも、夫は絹派、私は木綿派なのだ。もちろん、絹ごし豆腐のつるんとした柔らかい喉越しもいいけれど、豆腐には豆腐然とした、しっかりとした味わいを噛みしめたいもの。

最近は、絹と木綿、双方の決着がつかないので、それぞれ一丁ずつ求め、両方を入れて湯豆腐を楽しむようになった。

形を崩さないよう丁寧に網杓子《あみじゃくし》で掬い上げ、小鉢の中へ。薬味のネギと、かき立ての鰹節をのせ、醤油をたらり。豆腐に箸を入れた瞬間にぽわんと立ち上る白い湯気がたまらない。口に頬張れば、おなかの底から幸せになる。これぞ冬の醍醐味《だいごみ》だ。

お節料理　少なめで爽快

冷蔵庫でじゃけんにされるお節料理ほど哀《かな》しいものはない。時間と愛情をたっぷりかけて作った品なら尚更《なおさら》である。けれど、食べ飽きて余ったお節は、たいてい邪魔者扱いされてしまう。

そんな毎年毎年の経験を踏まえ、今年は少なめに作ることを心がけた。年末ぎりぎりまで仕事で海外に行っていたこともあり、最小限の準備にとどめる。自分で作ったのは、黒豆、伊達巻《だてまき》、なますの三品だけ。それでも、店で買った紅白のかまぼこや田作《たつくり》と共にお重に詰めると、華やかなお節料理が完成した。

大量に作っていた今までと違い、何が何でも食べ尽くさねば、という強迫観念にせき立てられないのが本当によかった。三が日でほぼ食べ終わり、無駄にせず清々《すがすが》しい気分を満喫した。

もう一つ、お正月を快適に過ごすコツがある。この時期に使う器をあらかじめ決めてしまうのだ。骨董屋《こっとう》さんで買い集めた椀や盃《さかずき》、塗りの箸などを一まとめにし、お正月の時だけ出してきて使うのである。赤と黒で統一された器は何とも晴れがましく、それだけでお正月気分をうんと盛り上げてくれるから。

端っこ食材、たくさんの福

幼い頃から、卵焼きの端っこを食べるのが好きだった。まな板にのせられた、熱々の卵焼き。端っこ欲しさに後ろから手を伸ばし、包丁を持つ母親によく怒られていた。同様に巻き寿司《ずし》も、端っこが好きである。海苔《のり》とご飯の間にほんわかとした余裕があり、具が長かったり短かったり不揃いなのが面白い。しかも端っこは希少価値である。

魚や肉もついつい切れ端に手が伸びる。魚ならば、断然アラ。この時期は、良質な鱈《たら》のアラを求めて、魚屋を巡っている。いいアラに出合えた時は、宝くじにでも当たった気分だ。アラをたっぷり入れた鱈ちりは、さまざまな部位から旨《うま》みが出て、複雑な味のスープになる。

肉の場合は切り落としである。上等の和牛の切り落とし肉で作る牛丼は、贅沢の極みだ。切り落としとは意味が違えど、砂肝やレバーなど内臓も、調理次第で見事なご馳走に早変わりする。新鮮な鶏のハツが手に入った時など、思わず小躍りしたくなるほど。しかも嬉しいことに、これらはすべてお財布に優しい。そう、端っこ食材には、たくさんの福が隠されている。

狩猟民族の血　目覚める

極寒の地アラスカで、アイスフィッシングをする機会を得た。この日の最高気温はマイナス二十五℃、最低気温はマイナス三十℃。フェアバンクスの東、チナという湖である。湖面に張った氷の厚さは、一メートル三十センチ。そこにドリルのような機械で穴を貫通させ、釣り糸を垂らす。あとは、氷の上でひたすら待つのみ。

くくっと子どもに袖を引っ張られるようなかすかな感覚が手に伝わるやいなや、思いっきり釣り竿《ざお》を持ち上げた。期待を胸に穴の奥に目をやると、身をくねらせる魚の姿が見える。初めての当たりは、北極イワナだ。銀色の体が、すらりと美しい。

結局釣れたのは、北極イワナとニジマスの二匹だけだった。それでも狩猟民族だった血が目覚めるのか、底知れぬ満足感がある。その場で粉をまぶし、唐揚げにしてかぶりついた。

旅とは、その土地の食べ物と出合うことでもある。だから旅をすればするほど、私の体には小さな地球がつくられていく。こうして二匹の魚の命を食べることで、私とアラスカの大自然も、深く強く結びつく。自分で釣った魚の味は、格別だった。

お結び　温もり伝えて

　春になると手のひらがむずむずし、丸っこい物が作りたくなる。お団子、コロッケ、いなり寿司。形を変えるだけなのに、魔法のように美味しくなる。丸っこい物の代表と言えば、お結びだ。手水をつけ、塩をまぶした手のひらに炊き立てのご飯をよそったら、両手で包んで素早く結ぶ。塩結びの完成だ。

　料理を作ることは、祈りでもある。心を鎮め、願いを込めながら、一つ一つ形にする。これまで、たくさんの海の幸、山の幸を届けてくださった東北の方達へ、今は少しでもその恩に報いたい。お結びを直接被災地に届けることは叶わなくても、身近な人達に振る舞えば、やがてそれがさざ波となり、遠くの誰かに伝わるかもしれない。

　どうか、笑顔溢れる安らかな日々が訪れますように。

　手を当て、抱きしめ、包み込む。この両の手のひらにできることが、まだまだたくさんある。自分の体温が、誰かの温もりになれることを忘れずにいたい。今年の春は、今ここに生きていることに感謝しながら、心静かに桜の花を見上げるだろう。この想い、春風に乗り、届きますように。

生きた糠床　愛おしく

わが家は、夫婦ふたり暮らし。犬や猫も飼っていない。ただ、わが子やペットと似たような感覚でかわいがっているものがある。糠床である。一から育て始めて十数年。まだまだ歴史は浅いけど、それでも大事な家宝となった。

無農薬の玄米を自家精米し、そこで出た米糠を乾煎りした後、糠床に入れる。基本的に加えているのは、塩だけだ。ほんのお猪口《ちょこ》一杯に、地球の人口を遥かにしのぐ微生物が息づいているという。

浅漬けの爽やかな香りも良いけれど、乳酸菌をたっぷり含んだ古漬けもたまらない。置いておくだけで栄養豊富な漬物を作ってくれるのだから、なんと働き者なのだろう。

ある時、夫が初めて糠床に手を入れたら、糠が大反乱を起こし、みるみる味が変化した。驚いたのに違いない。やっぱり、生きているのだ。でも、少しずつ慣れてきたらしく、今では夫婦どちらの手にもなついている。愛情を持って育めば、必ず応えてくれる。世界にただ一つ、わが家だけの愛おしい存在である。

これからは胡瓜《きゆうり》がおいしい。糠床に手を入れるのが、ますます楽しみになってきた。

お味噌汁　活力の素

年々、食事の際のお味噌汁が必需品になってきた。ご飯の横にお味噌汁がないと、どうも落ち着かない。逆に言うと、食卓にあつあつのお味噌汁さえあれば、幸せである。

どんなに心が騒がしい時でも、一口啜《すす》れば忘れていた大事な何かを思い出しそうになり、二口目で我に返って、すべて飲み干す頃には体の隅々にまで元気が行き渡っている。お味噌汁は活力の素。

普段のお味噌汁なら、ダシはイワシの煮干しで十分だ。前の晩に頭を取り、水を張った鍋に入れておく。たまには気分で、アゴも少々。あとは、鍋ごと弱火にかけるだけ。

味噌は、白と赤を同じ容器に入れておき、その時々で割合を変える。冬場は白を多くして体を温め、夏場はきりりとした赤の風味を存分に楽しむ。味噌を入れてからは、絶対に煮立たせない。これだけは留意し、煮えばなを素早くお椀によそって、食卓へ。

具沢山《だくさん》のお味噌汁もいいけれど、シンプルなのも捨てがたい。先日、湯むきしたトマトを丸ごと入れてお味噌汁を作ったが、なかなかよかった。この夏は、冷や汁という変化球も活躍しそうである。

旬の食材に料理脳ウキウキ

いつからか、料理脳の存在を自覚するようになった。ひとたびそこが刺激されると、もっと料理を作りたくなる。登山家にとってのクライマーズハイ、マラソン選手にとってのランナーズハイのようなものだろうか。次々と料理のアイデアが浮かび、作っても作っても飽き足らない。

私の場合、年明けからずっと、料理脳が活発な活動を続けている。寝ても覚めても、今料理を食べながらですら、次に何を作ろうか、あれこれ考え嬉しくなる。食材と接するたび心が弾み、レパートリーも、少しずつ増えていく。

コツは、メニューを決めてから材料を買いに行くのではなく、まずは手頃な旬の食材を調達することだ。それを見ながら、メニューを考える。次に何を作れば効率よく消費できるか。食材を無駄にしないできっちりと使い切ることが、最大の喜びとなる。

料理脳が活発な時に作る料理というのは、概しておいしい。料理の端々に、楽しい気持ちがエッセンスのように紛れるのだろう。朝昼晩、朝昼晩、想像を巡らせ自然と戯れる。私にとっては、最高のストレス発散法なのである。

異国暮らしも　箸さえあれば

この夏は、節電と取材を兼ね、ドイツの首都、ベルリンに来ている。今は、古いアパートを借りて暮らしている。

今回は、荷造りの際、忘れずに箸を入れた。去年の夏、バンクーバーに滞在した折、箸を忘れて大変な目に遭ったからだ。金属のスプーンやフォークを使い、おっかなびっくり口に入れるご飯やお味噌汁ほど味気ないものはない。

普段使っている箸に加え、菜箸、盛りつけ箸も持ってきた。よく手に馴染んだ箸さえあれば、鬼に金棒である。異国の見知らぬ食材をアレンジした風変わりな和食でも、いつもの箸を手にするだけで、肩の力がすーっと抜ける。

台所は中庭に面しており、夕方になると、西日がたっぷりと注ぐ。一日の中で、もっとも幸せを感じる瞬間だ。晴れた日は、できた料理をベランダに並べ、外でいただく。ベルリンは、緑溢れる美しい町。不慣れな環境で作ったぎこちない料理も、趣のある建物や見事な街路樹を見ながら食するだけで、おいしくなる。街頭で奏でられるストリートミュージシャンの音色を耳に、異国の夜はゆるゆると更けていくのである。

本物の自由、全身で味わう

今いるベルリンの空気を一言で表すと、それは自由。この地に暮らすベルリナーにとって、こだわらないことが唯一のこだわりだという。

たとえば、先日ふらりと入ったスープ店。人参のスープを頼むと、中に輪切りのバナナとナッツが入っていた。しかも、ほんのりチリが効いている。一見驚きの組み合わせだが、食べてみて納得した。バナナとナッツがアクセントになり、おいしいのである。

そこで私もベルリナーの自由な発想に倣い、和食とはこうあるべしという固定概念を捨てることにした。意外にもマーケットには、日本でもお馴染みの蕪や大根が並んでいる。それらを使い、ベルリン風和食に挑戦する毎日だ。

中でも定番となっているのが白菜漬けである。普段使っている柚子《ゆず》酢がないので、レモンを代用。すると今まで知らなかった味の扉が開かれて、新たな世界を発見する。不便だからこそ、工夫して何とか乗り切ろうと努力する。

ひとつの町が東西に壁で分断されるという不自由な時代を知るからこそ、本物の自由が生まれたのだろう。それを今、全身で味わっている。

恋しき夏の「う」のつくもの

しばらく日本を離れていると、「う」のつく食べ物が恋しくなる。定番は、海の幸。お刺《さし》身《み》や干物など、ふだん何気なく口にしている魚介類がどれだけ贅沢でかけがえのないものだったかを実感する。

うるち米もそうだ。パスタやパンもおいしいけれど、長く続くと、やっぱり日本のお米が食べたくなる。日本の水と空気で育った日本のお米を、日本の水で炊いたご飯粒だ。

うどん然《しか》り、梅干し然り。もっちり茹でたうどんに薬味と梅干しをのせたぶっかけ麺を、どれだけ夢見たことだろう。

中でも、この夏もっとも恋い焦がれたのが鰻《うなぎ》だった。ドイツにも鰻を食す習慣はあるらしいのだが、日本のような蒲焼《かばや》きにはお目にかかれない。鰻を食べずして、夏は越せない。

帰国早々、老舗の鰻店に駆け込んだ。はやる気持ちをなだめつつ、肝吸いを一口。官能的なため息が零れたところで、うやうやしく鰻重の蓋を開けた。慎重に山椒《さんしょう》を振りかけ、馥郁とした香りを堪能する。箸を持ち、いざ本丸へ。ふっくらとした鰻に、甘辛のタレが染みたご飯がたまらない。遅ればせながらも間に合った、日本の夏の味である。

黄色の名脇役　あの子の季節

秋が深まると、あの子の季節がやって来る。黄色くて、つやつやと光るかわいい子。鼻を寄せると、すてきな香りをほのめかす子。柚子だ。

毎年、晩秋の一日は、柚子仕事に明け暮れる。四国の山奥で大切に育てられた元気な柚子達を届けてもらい、柚子茶をこしらえるのだ。

一つ一つ薄く皮を剝いて刻むのだが、その作業中、部屋が高貴な柚子の香りに満たされる。手の中の柚子と言葉を交わすうち、えもいわれぬ多幸感に包まれ、頭がぼんやりしてしまう。砂糖を加えて加熱する頃にはすっかり陽が暮れて、秋の夜長に甘酸っぱい香りが紛れていく。

残りの柚子は、濡《ぬ》らしたサラシにくるみ、更にラップなどに包んで保存する。こうしておくと、いつまでも瑞々しいお肌を保つことができる。

表面の皮はおろし金でさっとすってお新香やお刺身に。果汁はポテトサラダの隠し味に。これからの季節は、何にでも柚子を合わせたくなる。ほんのちょっと加えるだけなのに、突如として場が華やぎ普段の料理がぐんと余所行きの顔に変身する。柚子はまさしく、料理界の名脇役だ。

冬の青空　干物日和

　十八歳で上京した時、一番驚いたのが冬の空だった。雪の多い地方で生まれ育ったので、冬といえばどんよりとした曇り空しか思いつかない。それなのに、東京ではすっきりとした青い空が広がっているのである。奇跡に思えた。

　台所仕事をするようになった今、冬は絶好の干物日和だ。気温が低いので、外に出していても食べ物を傷める心配がない。心置きなく日光浴をさせることができる。

　塩水にくぐらせた魚を干せば、立派なおかずが完成する。自分で塩加減を調整できるから、好みの味に仕上げることもできる。野菜でも何でも、日光にさらすだけでぐんと味がひきしまり、おいしくなる。干物と聞くと難しそうだが、なんのことはない、ただ干しておくだけなのだ。

　最近よく作るのは、干し鶏だ。一枚肉に塩をすり込み、竹串などに刺して吊《つる》しておく。表面が乾けば完成だ。そのまま弱火でじっくり焼くと肉の身から脂が出て、コンフィのような仕上がりになる。鶏を鴨《かも》に格上げすれば、新年を祝うための贅沢なご馳走にもなる。太陽が隠し味の、手間いらずの一品である。

お燗上手　安酒も極上の味

自分でいうのもなんなんだけど、お燗をつけるのが上手である。数少ない特技と言ってもいいかもしれない。ただ、一口にお燗と言っても色々ある。ほんの少し温もりを与えるだけの日向《ひなた》燗から人肌燗、ぬる燗、上燗、熱燗、更には飛びきり燗まで。面白いことに、同じお酒でも温度によって七変化する。

どれだけ温めてもさっとして表情を変えないお酒もあれば、冷やで飲んだ時と全く印象を変え、突如として華やいだ美貌《びぼう》を披露するお酒もある。安く手に入れたお酒でも、いいお燗をつけることで、最高級にも引けをとらない極上の味わいになる。

お燗をつける時は、小鍋に湯を沸かし、お酒で満たしたチロリと空の徳利《とっくり》を沈めて、数分待つ。電子レンジでチンするのも、熱燗用の温度計ではかるのも、味気ない。指先をちょっと浸して確かめるのが、もっとも正確だ。これを素早く徳利に移し、一合升を袴《はかま》に見立ててお猪口を出せば、晩酌セットが完成する。

今年のおせちは鰊《にしん》がすこぶる上出来だった。それを肴に熱燗で一杯。これ、今年の冬の、ささやかな贅沢である。

元気をもらう　メンチカツ

料理というのは、手紙のようなものだと思う。がんばってね、ありがとう。そんな気持ちを込めて作った料理は、きっと食べる人の心に届く。逆に、怒りながら作った料理にはイライラのエネルギーが込められるし、悲しい気持ちで作った料理は、食べる人をも悲しくさせる。だから、料理を作る時は、常に明るく、幸せな気持ちでいたい。

でも、いつもいつも、そうはできない。そんな時は無理をせず、堂々と白旗をあげ、誰かの助けをかりるのがいい。私にも一軒、駆け込み寺的な食堂がある。疲れ果てて台所に立つ気力もない時は、パッと気持ちを切り替えて、大手を振ってその店を目指す。

そこは、駅裏にひっそり佇《たたず》む町のトンカツ屋さん。頼むのは、メンコロ定食と決まっている。メンチカツにコロッケ、キャベツ、それにご飯と豚汁ときんぴらとお新香がついてくる。どんなに元気のない時でも、食べ終える頃には、明日もがんばるぞ、という前向きな気持ちになれる。

年が明け、さっそくお店の暖簾をくぐった。がんばる、けど無理はしない。それが今年の、ささやかな目標である。

豊かな食卓　奇跡の賜物

必要な度に、鰹節をしゃかしゃかと削る。昆布を一晩水につけ、じっくりと出汁を引く。野菜やお米は、農薬や化学肥料を使わずに、丹精込めて育てられたものを食べる。少し前の日本では、それが当たり前だった。けれど今、私の目指す食生活は、貴重で贅沢なものになりつつある。

もうすぐ、震災の日から一年だ。三月十一日の夜、私は何を食べたか思い出せない。缶詰か何かを口にしたのだろうか。空腹を凌げさえすれば、それでよかった。けれど、確かにそれで胃は満たされるけれど、何かが足りない。

食事とは、心と胃袋、両方が満たされて、初めて美味しさを実感できるものなのだ。震災を経験し、改めて、普段の食事のありがたさを知った。

日々の豊かな食卓は、平和の上に成り立っている。「おいしい」は、かけがえのない奇跡の賜物だった。だから、鰹節をかく度に、昆布を水に浸す度に、心の底から感謝する。

料理をすることは、森や川、海や大地に触れ、自然と繋がる行為でもある。そのことを肝に銘じ、謙虚な気持ちで、今日も台所に立とう。平和であることを、祈りながら。

再び、ベルソーへ　あとがきにかえて

石垣島の辺銀食堂から始まった、料理の愛弟子《まなでし》たちに会いに行く旅。

本当に、数えきれないほどのたくさんの出会いがありました。

私は、毎回毎回、感動せずにはいられませんでした。普通だったら会えなかっただろう方たちにお会いし、実際に仕事現場を見せていただき、時には食事までご一緒させていただいたのです。

だから、この本に収められた一連の旅は、本当に贅沢です。時間をかけ、何か大切なものを醸造するように、見て、触れて、感じた記録です。

それを一冊にまとめたのが、二〇一〇年に刊行された『ようこそ、ちきゅう食堂へ』でした。そして、この本をもとに、新たな原稿を加え、更に編集をし直して文庫化したものが、今、手に取ってくださっているこの本です。

その間には、東日本大震災があり、この本でご紹介した方の中にも、様々な変化がありました。

西表島で自ら畑を耕し、漁をして食材を集め、たった一人で店を切り盛りしていた吉本ナナ子さんの「はてるま」は、一年ほどお休みしたのち、西表島のまた別の店で、再出発しました。東京で養豚業を営んでいた吉実園からは、震災の影響により、あのかわいい豚たちが姿を消してしまいました。また、滋賀の月心寺で精進料理をふるまって下さった庵主様は昨年引退されました。

そして、伊吹山のふもとで、一日一組だけのレストラン「ベルソー」の料理人をつとめていた松田光明さんは、震災と同じ年の十月、五十一歳で亡くなりました。

最後に、松田さんのことを、少し書かせていただこうと思います。

松田さんとは、丸一日、一緒に過ごしたに過ぎません。けれど、そのたった一日の出会いが、私の胸に深く深く刻まれました。松田さんは寡黙《かもく》な方で、決して多くを語らないのですが、一つ一つの言葉が重く、まるで哲学者のようなのです。

どんな流れで質問したのか、前後の記憶は曖昧ですが、取材中、私は何気なく松田さんに、「幸せですか？」と尋ねたことがあります。一瞬、松田さんは言葉に詰まりました。そして、その時はお答えになりませんでした。けれど、その時の何気ない質問の答えを、一晩じっくりと考え、翌朝、「幸せです」と、松田さんらしい笑顔で答えてくださいました。

松田さんは、そんな人です。

料理に限らず、何事にも真剣に向き合うのです。仕事に対する姿勢や、生き方など、知らず知らずのうちに、私は松田さんから大きな影響を受けていたことに気づかされます。

でも、私は松田さんの、半分の、いや四分の一も、わかっていませんでした。勝手に、松田さんを理解したつもりになっていただけなのです。

あとから、その日は体調が悪くて、前日まで、何日間も起きられずに床に伏していらしたことということを知りました。それなのに取材に応じてくださり、翌日も私たちを招待し、コーヒーを淹《い》れ、駅まで送ってくださったのです。

別れ際、こんなことしかできなくて本当にごめんなさい、と松田さんが身を小さくして渡してくださった生姜の甘酢漬けのおいしかったこと、今でも決して忘れません。

松田さんのお葬式の時、奥様の美穂子さんが、香典返しとして配ってくださったのが、『ようこそ、ちきゅう食堂へ』でした。松田さん、最初に「ソトコト」に記事が掲載された時、嬉しくて、夜中に大泣きしていたそうなのです。そのことも、随分時間がたってから、美穂子さんに教えていただきました。

そして、二〇一三年六月、私は再びベルソーを訪れました。

なんと、美穂子さんがベルソーを引き継ぎ、料理を作っているというのです。美穂子さんの第二の人生に、エールを送らずにはいられませんでした。

松田さんがシェフをつとめていた時、美穂子さんはソムリエとして、黒子として、松田さんをしっかりと陰から支えているという印象でした。けれど今は、美穂子さん自身が厨房に立っているといいます。

五年ぶりに訪れたベルソーは、あの頃のまま、空気感は全く変わらず、本当に居心地の良い素敵な空間でした。取材の時は大学生だった長女の明奈さんが、今は実家に戻って、以前は美穂子さんの役割だったサービスの仕事を、主に担当していらっしゃいます。

いよいよ、新生ベルソーのディナーが始まりました。

特別な指導の下に完成させた香ばしいリュスティック、太陽の恵みがぎゅっと詰まったコーンスープ。コーンスープは、あまりにおいしすぎて、飲み干すのがもったいないほどでした。

続くサラダは、美穂子さんが、三島由紀夫の小説や、和三郎のシャンソン、フランス文学を熟読するなどして、ようやく辿り着いたもの。パリのパッサージュをイメージされたそうで、本当に、野菜の一つ一つが、口の中で次々とそよ風のように通り過ぎていく。そこには躍動感があり、生きる喜びが溢れている。食べていると、なんだか知らないけれど楽しくなるような、そんなサラダでした。

美穂子さんと明奈さんも、厨房との間を行き来しながら、一緒にテーブルに着いていただきます。おいしいお酒を飲み、松田さんの思い出話に花を咲かせました。

美穂子さんは、松田さんが亡くなって十日ほどで、ベルソーを再開されたそうです。そんなつもりはなかったのに、料理を作れるような心境ではなかったのに、結果的にそうなっていたとのこと。

特に、最初の一年は、明奈さん曰《いわ》く、「絶対においしいはずがないのに、もう来るお客さんが、おいしいおいしいと、一心不乱に料理を口にしていた」とか。きっと、見えない体になった松田さんが、厨房に立つ美穂子さんの後ろからそっと手を支え、お客さんのお皿に天国に存在する魔法の調味料をふんだんに振りかけたんじゃないかという結論になりました。

美穂子さんにも明奈さんにも、時々松田さんの魂の存在を感じる瞬間があるそうです。

生前、松田さんはほとんどの料理のレシピをノートにまとめていました。だから、美穂子さんが路頭に迷うことはありませんでした。私も松田さんが残した何冊ものレシピノートを見せていただきましたが、松田さんらしい、几帳面なメモでした。

続く甘鯛のソテーも、牛の尾のワイン煮込みも、お見事！

根っこにはもちろん松田さんの精神や味のテイストが受け継がれているものの、明らかに、そこにあるのは美穂子さんの料理です。

「なんだか私、伊吹の倫子みたいだと思って」

途中で美穂子さんは笑ってそうおっしゃったけれど、本当に、美穂子さんがこんなにも料理の腕を上げてしまったら、天国の松田さんが嫉妬してしまうかもしれない、本気でそう心配になりました。

テーブルには、常に笑いが絶えません。

みんな笑いっぱなしで、気がついた時には、夜中の二時。

その日はベルソーの二階に泊めていただき、翌朝も美穂子さんが朝食を作ってくださいました。

「よく考えたら、昨日は主人のレシピで一つも作っていなかったでしょう」と、今度は、松田さんが残したレシピの中から作ってくださいます。そんなつもりじゃなかったのに、なんだか勝手に体が動いてしまったそうで、日曜日の朝のテーブルには、ソーセージやハンバーグ、スパゲティ、麻婆豆腐までがお目見えしました。

このテーブルで、家族も共に食事をしていたそうです。松田さんは、家族にも、いや家族にこそ、ありえないほどのいい食材で料理をし、食べさせていたと言います。きっと松田さんの中では、家族の延長線上にベルソーがあって、家族に作るのと同じように、同じ心で、お客さんにも料理を作っていたのだと思います。

午後になり、チチイチョウを見に神社まで案内していただきました。お父さんの銀杏だと思っていたら、なんと乳銀杏。樹齢何百年という立派な銀杏の木から、おばあさんのおっぱいのように、だらんと変形した木の幹が垂れ下がっているのです。近くには、おいしい湧《わ》き水も出ておりました。

この場所に、美穂子さんは毎日足を運んでいるそうです。そして毎回、今日もおいしい料理が作れますように、と手を合わせます。私も、手を合わせました。これからも、ベルソーが幸せな料理を生み出す素敵な場所でありますように。そう、心の底からお祈りしました。

自宅に戻ってから、最後に美穂子さんが持たせてくれたお弁当の包みを開けました。錦糸卵の上にウナギのかば焼きがのった鰻丼です。

食べながら、涙が止まらなくなりました。だって、松田さんの体はなくなったけれど、松田さんの精神は、ここにもちゃんと残っているのです。松田さんの料理は、私の体にちゃんと刻まれているのです。

松田さんの料理を一度でも口にしたことのある私は、心底、幸せ者だと思いました。

ウナギを口に含みながら、美穂子さんは、どれだけ辛かっただろうと想像しました。そして、自分だったら、決してできないと思いました。だけど、松田さん一家は、家族総出で、その嵐のような過酷な時間を乗り越えたのです。その乗り越える力は、きっと松田さんが生前、家族に授けてくれたもの。だから今、美穂子さんも明奈さんも、心から笑うことができる。そう思いました。

松田さん、どうもありがとう。

私、松田さんのこと、本当に尊敬しています。大好きです。

だから、この本を、松田さんに捧げます。

そして松田さんが、この本に登場する素晴らしい料理人や作り手の活動を、遠くから優しく見守ってくださることを願います。美穂子さんの料理も、ちゃんと、見ていてくださいね。

時々は、私のことも、見守ってくれたら嬉しいです。

この本が誕生するにあたり、ご協力くださったすべての方々に、心からの感謝を申し上げます。そして、この本を手にしてくださった読者の皆様に、ささやかでも、素敵な幸せが訪れますように！

二〇一三年初夏

鎌倉の家にて、小川糸

問い合わせ先

辺銀食堂

日曜定休日＋不定休　〒907-0022 沖縄県石垣市大川199-1　食堂 Tel.0980-88-7803　昼ごはん 11:30〜売り切れまで　夜ごはん 18:00〜22:00(L.O.)

こころみ学園「ココ・ファーム・ワイナリー」

年末年始(12/31〜1/2)、1月第3月曜日から5日間はお休み　〒326-0061 栃木県足利市田島町611 Tel.0284-42-1194　Fax.0284-42-2166
ココ・ファーム・カフェ　11:00〜17:30

阿左美冷蔵(金崎本店)

7月と8月は無休・それ以外の月は木曜休み
〒369-1621 埼玉県秩父郡皆野町大字金崎27-1
Tel.0494-62-1119　10:00〜17:00
混雑時は15時頃オーダーストップ

鳥居醤油店

年中無休　〒926-0806 石川県七尾市一本杉通り
Tel.0767-52-0368 Fax.0767-52-0406
Mail:shouyutorii@po5.nsk.ne.jp
9:00〜18:30

レストラン　ベルソー

日・祝休み　〒521-0314 滋賀県坂田郡伊吹町春照1127　Tel.0749-58-1782 要予約
昼 12:00〜14:00　夜 17:30〜20:00

島田農園(直売所)

販売日　月・水・金曜日　島田農園では全ての野菜、果樹を無農薬で栽培しています。
〒157-0071　東京都世田谷区千歳台 2-27-11
Tel.03-3483-0681　10:00〜17:00

はてるま

不定休　〒907-1434　沖縄県八重山郡竹富町字南風見201-101　Tel. 0980-85-5623　18:00〜23:00

宍戸園(直売所)

不定休　生果実の販売は基本的に毎週水曜日と日曜日(夏季)　〒157-0065 東京都世田谷区上祖師谷 4-6　Tel.03-3307-5154　9:00〜18:00頃
http://www.berries.jp/

吉実園(直売所)

不定休　〒157-0065 東京都世田谷区上祖師谷1丁目4-2　自宅前で採れたての野菜や卵を販売しています

デルベア

不定休　〒631-0006 奈良県奈良市西登美ヶ丘8-19-16　Tel.0742-46-7778　Fax:0742-49-7157
Mail:info@derber.jp　10:00〜17:00　来店前に要予約※一切の作業を、店主一人で行っている為、営業時間の大半は直接電話に出ることがかないません。FAXまたはメールにてお問い合わせいただくのが確実です。

満天星一休　苗木店

年中無休・年末年始は休業　〒508-0101 岐阜県中津川市苗木岡田2531-1 フリーダイヤル 0120-195504 Tel.0573-65-0193 Fax.0120-191-899(24時間受付) 8:30〜19:30　茶房営業時間 10:00〜17:00

月心寺

不定休
〒520-0062 滋賀県大津市大谷町27-9
Tel.077-524-3421　要予約

モンゴル取材協力

株式会社 風の旅行社
東京本社　日曜・祝日休み　〒165-0026 東京都中野区新井2-30-4 IFOビル6F　Tel.0120-987-553
大阪支店　日曜休み　〒530-0001 大阪府大阪市北区梅田2-5-25 ハービスPLAZA 3F　Tel.0120-987-803
http://www.kaze-travel.co.jp/
Mail:info@kaze-travel.co.jp

写真　鳥巣佑有子
松村隆史（p.27、p.30）
三木匡宏（p.50、p.51）
キッチンミノル（p.75、p.79、p.179、p.182）
阿部雄介（p.87、p.91）
木寺紀雄（p.166）
武藤奈緒美（p.171、p.174）

命をかけて、命をつなぐ　papyrus Vol. 39　2011年12月号
陽だまりの家、庭の緑　JAL「SKYWARD」　2009年８月号
喫茶の町　ぬくもり紀行　JAL「SKYWARD」　2011年１月号
路地裏を歩く　七緒　Vol. 30　2012年夏号
（初出時「江戸情緒にとっぷり浸る　湯島」）
日本の絹に触れたくて。群馬・富岡へ　七緒　Vol. 32　2012年冬号
町で暮らす　朝日新聞夕刊　2009年４月４日〜2012年３月５日
（初出時「シアワセのかくし味」）

この作品は二〇一〇年十一月小社より刊行された『ようこそ、ちきゅう食堂へ』
に右記を収録し、改題したものです。

海《うみ》へ、山《やま》へ、森《もり》へ、町《まち》へ

小川糸《おがわいと》

平成25年8月1日　初版発行
令和7年5月25日　5版発行

発行人——石原正康
編集人——宮城晶子
発行所——株式会社幻冬舎
〒151-0051東京都渋谷区千駄ヶ谷4-9-7
電話　03(5411)6222(営業)
　　　03(5411)6211(編集)
公式HP　https://www.gentosha.co.jp/
印刷・製本—中央精版印刷株式会社
装丁者——高橋雅之

幻冬舎文庫

ISBN978-4-344-42058-8　C0195　お-34-7